乡村振兴研究文库

U0993755

乡村振兴背景下农民财产性收入问题研究

以青海东部农业区为例

石鹏娟◎著

中国经济出版社
CHINA ECONOMIC PUBLISHING HOUSE
·北京·

图书在版编目（CIP）数据

乡村振兴背景下农民财产性收入问题研究：以青海东部农业区为例／石鹏娟著．--北京：中国经济出版社，2022.8

ISBN 978-7-5136-6990-0

Ⅰ．①乡… Ⅱ．①石… Ⅲ．①农民收入-收入分配-研究-青海 Ⅳ．①F323.8

中国版本图书馆 CIP 数据核字（2022）第 118941 号

组稿编辑 葛 晶
责任编辑 冀 意
责任印制 马小宾
封面设计 任燕飞

出版发行 中国经济出版社
印 刷 者 北京富泰印刷有限责任公司
经 销 者 各地新华书店
开　　本 710mm×1000mm 1/16
印　　张 11.5
字　　数 153 千字
版　　次 2022 年 8 月第 1 版
印　　次 2022 年 8 月第 1 次
定　　价 78.00 元
广告经营许可证 京西工商广字第 8179 号

中国经济出版社 **网址** www.economyph.com **社址** 北京市东城区安定门外大街 58 号 **邮编** 100011
本版图书如存在印装质量问题，请与本社销售中心联系调换（联系电话：010-57512564）

版权所有 盗版必究（举报电话：010-57512600）
国家版权局反盗版举报中心（举报电话：12390） 服务热线：010-57512564

序

农民的收入问题一直以来都是党和国家关心的重要课题，也是解决“三农”问题的关键点和最终落脚点。据统计，财产性收入在农民总收入中所占的比重较低，是农民收入持续增长的短板。自党的十九大提出乡村振兴战略之后，2021年中央一号文件又明确指出，要全面推进乡村振兴，加快农业农村现代化。这是我国步入第二个百年奋斗目标新征程对经济社会发展提出的新要求。乡村振兴战略提出的“产业兴旺、生态宜居、乡风文明、治理有效、生活富裕”五方面总要求，对于拓宽农民财产性收入的渠道，促进农民收入增长具有重要的意义。

青海省是典型的少数民族地区，经济发展水平总体不高，东部农业区是青海省农业主产区，该地区农业发展程度决定着青海省整体农业的发展水平。在农业供给侧结构性改革逐步深化、脱贫攻坚战取得全面胜利及乡村振兴战略逐步推行的背景下，青海东部农业区农民的收入有了一定的增长。但财产性收入在农民总收入中的占比仍然较低，而且呈现逐年下降的趋势。2019年青海东部农业区农民财产性收入占比不足2%，这在一定程度上制约了青海省农民收入的总体增长。

本书以青海东部农业区农民财产性收入为研究对象。第一，对农民增收、制度经济相关理论和财产性收入相关文献进行了研究和梳理，在对乡村振兴战略的内容和含义进行了深入分析的前提下，确定本书的研究假设为乡村振兴战略的推进能够为农民财产性收入的增长提供更多的机遇，进而切实提升农民的财产性收入水平；第二，根据研究需要，针对青海东部农业区农民财产性收入总体状况，在主要县域进行抽样调查，并结合统计年鉴数据，对该地区农民财产性收入现状进行分析，根据分析结果，对当前农民财产性收入增长中存在的问题进行挖掘和分析；第三，为了更加深刻地把握青海东部农业区各区域农民财产性收入的状况，课题组借用一些统计指标，对青海省东部农业区农民财产性收入差距进行具体测度，发现该区域农民财产性收入差距较大；第四，为了探寻不同区域农民财产性收入差距较大的原因，课题组运用回归分析、主成分分析、灰色关联度分析方法对影响青海东部农业区农民财产性收入的因素进行了实证分析，发现经济因素、道德素质因素、风险因素是制约青海东部农业区农民财产性收入增长的主要因素；第五，结合乡村振兴和财产性收入增长的作用机理，从制度健全与完善角度，构建青海东部农业区农民财产性收入的保障机制。

目 录

1

绪　论

1.1 研究背景、目的及意义

1.1.1 研究背景

2017 年，党的十九大报告明确指出，“农业、农村、农民问题是关系国计民生的根本性问题，必须始终把解决好‘三农’问题作为全党工作重中之重，实施乡村振兴战略。”2018 年中央一号文件发布了《中共中央国务院关于实施乡村振兴战略的意见》，该意见明确指出，“毫不动摇地坚持和加强党对农村工作的领导，健全党管农村工作领导体制机制和党内法规，确保党在农村工作中始终总揽全局、协调各方，为乡村振兴提供坚强有力的政治保障”。2019 年中央一号文件进一步指出，“必须坚持把解决好‘三农’问题作为全党工作重中之重不动摇。”实施乡村振兴战略是从根本上解决‘三农’问题的关键法宝，促进农民增收是‘三农’工作的核心任务。2020 年中央一号文件继续聚焦“三农”问题，指出“2020 年是全面建成小康社会目标实现之年，是全面打赢脱贫攻坚战收官之年”。该文件分为坚决打赢脱贫攻坚战；对标全面建成小康社会、加快补上农村基础设施和公共服务短板；保障重要农产品有效供给和促进农民持续增收；加强农村基层治理；强化农村补短板保障措施五个部分，为乡村振兴基本制度框架和政策体系的建立奠定了基础。2021 年，中央一号文件又进一步指出，“全面推进乡村振兴，加快农业农村现代化”。2021 年 2 月 25 日，国家乡村振兴局正式挂牌成立，意味着中国脱贫攻坚战的彻底胜利，自2021年5月以来，全国31个省市乡村振兴局也相继挂牌，标志着我国的乡村振兴工作进入了一个新的时期。2021年3月，中共中央根据社会实践发展，发布了《关于实现巩固拓展脱贫攻坚成果同乡村振兴有效衔接的意见》，确定了5年过渡期，对两大战略衔接的背景、意义、要求、原则等做了明确规定，为我国各地区在全面脱贫的基础上，向乡村全面振兴平稳过渡提供了顶层设计，也为我国实现农业农村优先发展指明了方向。由此可以看出，“三农”问题一直是党和国家高度关注的重要问题，也是不容忽视的民生问题。党的十九大报告将“三农”问题定位为“乡村振兴”，并作出重要的战略部署，其终极目标仍然是改善农民的生活水平，提升农民的生活质量，而解决这些问题的核心仍然在于提高农民的收入。

农民收入提升是“三农”工作的中心，也是“三农”工作的重中之重。自2004年开始，中央一号文件始终聚焦“三农”问题，一系列惠农政策的出台和实施，推动了农村深化改革的进程，改变了农民只能单一地“靠天吃饭”“靠地生存”的状况，丰富了农民收入的来源，提高了农民的生活水平，也提升了农民的生活质量。目前，我国农民的收入来源主要包括工资性收入、家庭经营性收入、财产性收入和转移性收入。从各收入占比来看，财产性收入普遍偏低，抑制了农民整体收入水平的提升。尤其是近几年受新型冠状病毒肺炎疫情的影响，我国很多实体产业遭受重创，很多外出打工的农民不得不返乡待业，严重制约了农民工资性收入的增长，家庭经营性收入的增长也由于产品流通限制而遭受影响，这给农民收入的持续增长带来了极大的挑战。伴随着农村集体资产股份权能改革的全面实施、农民土地使用权确权到户、农民宅基地使用权登记到户工作的完成，农民手中的财产越来越多，换句话说，这为农民获得更多的财产性收入提供了可能。同时，随着乡村振兴战略的实施和精准脱贫工作的顺利完成，涌现出了一大批乡村旅游接待点和乡村休闲、观光、体验项目，真正践行了习近平总书记提出的“绿水青山就是金山银山”发展理念，农民手中的财产得以利用，使农民获得更多的财产性收入成为现实。自2020年以来，因受疫情影响，农民外出打工的人数急剧减少，工资性收入增长空间受限，转移性收入与政府政策有关，不可能无限制增长，因此，财产性收入成为农民增收的新增长点。各个地区在贯彻实施国家乡村振兴战略的过程中应思考如何增加农民的财产性收入，使农民收入由主要依赖工资和家庭经营性收入逐步向工资性、家庭经营性、财产性、转移性收入协同带动转变，尤其要增加财产性收入比例。也就是说，我们需要在实施政府政策让农民获得转移性收入的同时，还要多措并举探寻拓宽财产性收入增加的渠道，为农民财产性收入增长提供更多的机会，以此增加农民的总体收入，保障农民收入的可持续增长，为实现乡村振兴、农业农村全面现代化奠定坚实的经济基础。

1.1.2 研究目的

改革开放40多年来，党和政府从“家庭联产承包责任制”改革开始，对农村、农民、农业发展问题进行了长期的探索和实践。通过制度改革、政策实施、方式创新、观念革新等措施，使农村经济得到了快速发展，农民收入迅速提升，农业经营模式越来越先进、科学，最直接的表现就是绝大多数农民有了存款、有了现代化住房、有了汽车，也有了更多的收入来源，与之前相比，农民的生活发生了翻天覆地的变化。但是城乡居民收入差距依然明显①，城乡发展不平衡问题依然突出，而我国社会的主要矛盾，即人民日益增长的美好生活需要和不平衡不充分的发展之间的矛盾主要体现在农村，这严重制约了第二个百年奋斗目标“全面现代化”实现的步伐。

① 2020年，农民人均可支配收入为17131元，比上年增长6.9%，比城镇居民多3.4个百分点；按上年价格计算的农民人均可支配收入实际增长3.8%，比城镇居民多2.6个百分点。虽然城乡居民收入相对差距进一步缩小，但绝对差距仍然明显，两者相差26703元。

单位：亿元

图 1-1　2020 年全国和青海省农民收入结构

数据来源：《中国统计年鉴（2020）》和《青海统计年鉴（2020）》。

党的十九大报告提出乡村振兴战略，目的就是解决农村发展慢、农民收入低、城乡发展不平衡、农村一、二、三产业发展不均衡的问题，而增加农民收入是解决这些问题的基础，也是解决这些问题的落脚点。从图 1-1中可以明显看出，不论是全国层面，还是青海省层面，财产性收入①都是农民收入增长的短板，总体来看，财产性收入在总收入中所占的比例不足 4%，与其他收入类型相比相差甚远。在乡村振兴战略提出的大背景下，随着农村土地确权到户、宅基地登记到户和集体资产股份权能改革的实施和完成，农民有了可以支配的财产，也就意味着拥有了可以凭借手中可支配的财产获取收益的机会。所以，我们应该重视农民手中的财产，多措并举使农民手中的财产产生收益，以此提高农民的财产性收入。本书对财产性收入保障机制进行研究，一方面是为了能够在增加农民财产性收入的同时，进一步探寻能够保持农民财产性收入持续增长的机制，为农民的持续增收保驾护航；另一方面，在乡村振兴背景下，结合脱贫攻坚成果，寻求农民增收的路径，以巩固脱贫攻坚成果，助推乡村振兴战略全面实施，促进农业农村现代化的实现。

① 在全国农民总收入中，财产性收入占比为 2. 36%；在青海省农民总收入中，财产性收入占比为 3. 57%。

1.1.3 研究意义

青海东部农业区[①]包括西宁市和海东市，共13个区县。其中典型的少数民族区域有：大通回族土族自治县、民和回族土族自治县、循化撒拉族自治县、化隆回族自治县、互助土族自治县、门源回族自治县。这些地区在民族习惯、宗教文化、经济基础、思想意识等诸多方面与其他少数民族地区有着极为深厚的历史渊源，也具有很多共性，所以研究青海东部农业区农民财产性收入增长问题，对于促进生态保护和少数民族地区经济社会发展具有十分重要的意义。

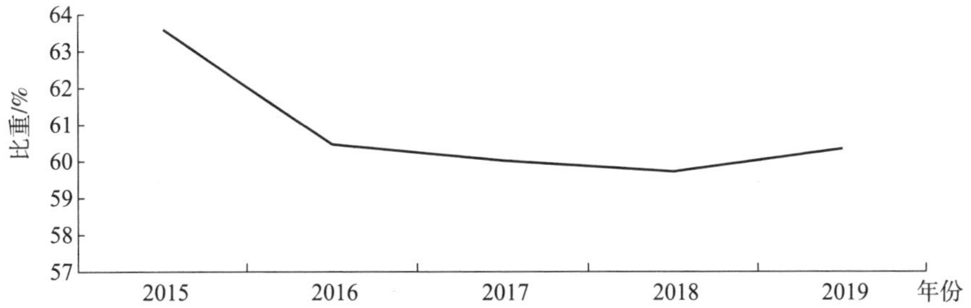

图1-2　2015—2019年青海东部农业区农业产值占青海省农业总产值的比重

数据来源：根据《青海统计年鉴》各年数据整理而得。

从图1-2可以看出，2015—2019年青海东部农业区农业产值占青海省农业总产值的比重维持在60%左右，2015年该比重达到63.6%的最高点。2016—2019年，该比重下降后又呈现小幅反向上升趋势，总体呈现下降趋势，出现“U”型变化特征。但从整体占比情况不难看出，青海东部农业区的农业发展状况对整个青海省的农业发展具有重要的意义，其发展规模、发展速度直接影响青海省农业发展的总体水平。

---

① 本书研究的东部农业区依据青海省农业战略格局示意图进行划分，主要包括西宁市的5区2县（城北区、城东区、城中区、城西区、湟中区、大通县、湟源县）和海东市的2区4县（平安区、乐都区、互助县、循化县、化隆县、民和县）。

改革开放之后，东部农业区农民收入随着青海经济的快速发展有了很大程度的提高①，但现阶段受地域、气候、制度、观念等因素的制约，农民收入增长空间越来越小。

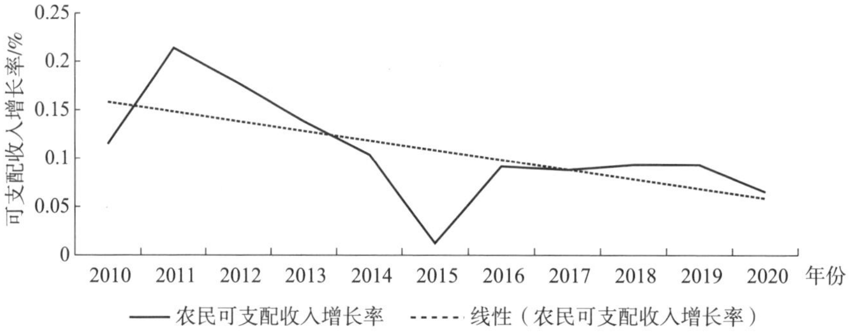

图 1-3　2010—2020 年青海东部农业区农民可支配收入增长率变化情况

数据来源：海东统计年报、《海东市统计年鉴》《西宁市统计年鉴》。

从图 1-3 青海东部农业区 2010—2020 年农民可支配收入增长率变化情况可以看出，农民可支配收入增长率基本呈现逐渐降低的趋势，尤其是在 2015 年增长率几乎降为零。该增长率之所以出现逐年下降的趋势，主要原因是家庭经营性收入的持续增长受到耕地资源、气候条件的制约；工资性收入由于受经济整体情况的下滑和新型冠状病毒肺炎疫情的影响，增长空间受限；转移性收入也由于人口规模大、财政支出缩减、政府政策调整等原因导致上升空间缩小；而财产性收入一直是农民增收的短板，在总收入中的比重偏小②。

在旧的土地制度和农村集体所有制下，农民的财产仅局限于房屋、银行存款、车辆、农业生产工具等，而土地作为最重要的农业生产要素，其所有权归村集体，农民只拥有一定期限的使用权，并且农民对土地的使用

① 2020 年青海东部农业区农民人均收入为 12757 元，1978 年青海东部农业区农民人均可支配收入为 252 元。二者相比，增长了 12505 元。

② 2019 年青海东部农业区农民人均可支配收入为 11977.75 元，人均财产性收入为 100.09 元，财产性收入占总收入的比重为 0.84%。

权非常有限，仅允许农民自己耕种，而不允许转让、入股等。农村宅基地也只允许经村集体批准的主体建造房屋，农民在宅基地上建造的房屋也不能入市交易。这些限制，导致农民对土地、宅基地、农村房屋的使用权受到很大制约。尤其是一些集体财产，农民由于没有明确的权利份额使农民从心底觉得这些与自己毫无关系，丧失财产意识，如荒山、荒地的使用权。基于这些原因，农民手中的财产没有得到合理利用，导致农民的财产性收入微乎其微，甚至对农民而言意义不大。但在新时代，随着农村土地产权和集体资产股份权能改革的实施，农民手中的财产越来越多，农民不仅可以自己使用手中的土地，而且还可以将土地使用权出租、入股、转让等，农民对集体建设性用地和归集体所有的荒山、荒地等集体财产依据成员权利享有一定的股份，可以凭借股份获得相应的收益，使得农民财产性收入大幅度增加成为可能。在习近平总书记的“绿水青山就是金山银山”发展理念下，农村土地和原有的荒山、荒地逐步得到有效利用，如休闲旅游、乡村田园生活体验项目、少数民族风情体验项目等的开发和实施，使得农民财产性收入增长成为必然。

所以，现阶段应该更加注重农民收入的结构性增长，多措并举增加农民的财产性收入，使其成为实现农民持续增收的新增长点，这是青海甚至是全国在实施乡村振兴战略过程中一个不容忽视的重要问题。因此，从实际意义上来讲，深入分析青海东部农业区农民财产性收入的现状、制约因素，寻求合理的增收路径和保障机制，对于指导和促使一个地区经济发展和农民增收具有重要的应用价值：①对于促进农民收入的结构性增长，缩小城乡居民收入差距，维护民族团结和保障社会稳定，具有重要的意义。②财产性收入保障机制的提出，对于青海省农民收入持续性增长及乡村振兴战略的实施具有重要的促进作用。

从理论意义上来讲，青海省是典型的少数民族地区，而东部农业区有青海特有的两个人口较少民族，即土族和撒拉族，所以研究青海省东部农业区财产性收入保障机制，对于完善相关理论，具有重要的学术价值。

（1）充分考虑少数民族的特性，有利于补充完善收入增长理论。

（2）研究结论对于青海省制定少数民族发展政策以及农民收入相关政策具有一定的参考价值。

1.2 国内外研究现状综述

经对中国知网等文献数据库检索发现，国内外学者对财产性收入都有不同程度的研究，国外研究较早，基本上开始于20世纪60年代，但21世纪对该问题的涉及较少。国内对该问题的研究主要集中于21世纪，而且研究涉及的内容较为全面，这与我国重视“三农”问题，着力提升农民收入有直接的关系。

1.2.1 国外研究现状综述

国外学者首先对农民进行了分类，他们按照职业的差异将西方社会的农民分为土地主、农场雇主、自耕农等。不同的职业，意味着收入构成存在明显差异。国外学者对于农民财产性收入的研究主要集中于收入的不平等、影响因素、原因、增收路径及调控方面。

第一，关于财产性收入不平等问题的研究。国外学者对财产性收入不平等问题进行了长期和深入的探讨，他们一致认为财产性收入不平等客观存在，而且会带来严重的社会问题。Roben J. Lampman（1962）是较早研究财产性收入分配不平等的学者之一，他提出财产性收入分配的不平等会导致一系列社会问题[1]。19世纪，奥地利学者Michael Pammer通过对奥地利农民财产性收入问题的研究，发现人的寿命、阶级地位以及社会贫富差距等多个方面影响着财产性收入的获得[2]。托达罗（1992）通过研究发现，大部分第三世界国家，个人收入分配极不平等的根源是极不平等的分配方式和高度集中的资产所有权模式[3]。Todavo 研究发现财产性收入不平等会导致大部分财富涌向富人，这将导致贫富差距的拉大，不利于经济的稳定增长[4]。萨缪尔森（1999）提出收入差异主要源自继承和获得的财富，但是由于财产性收入不平等的原因导致在收入金字塔顶端的人所获得的大部分金钱来源于财产性收入，而处于金字塔底端的穷人几乎没有财产，更不可能利用他们的资产去赚取更多的财富[5]。Partridge 等认为财产性收入的不平等在短期内不会对经济增长造成直接影响，但在长期内还是有影响的[4]。美国社会经济学家 Frederic L. Pryor 认为总体收入不平等的最大因素是财产性收入的不平等，并归纳了两个方面的主要原因，一是低收入家庭比高收入家庭耗费了更高比例的收入；二是一些低收入和中等收入者更倾向储蓄、购买住房、投资、个人退休账户以及有回报率的养老等方面，造成短时间内财产性收入在这部分群体中的增长情况不够明显[6]。

第二，关于增加财产性收入路径的研究。国外学者对增加农民财产性收入的路径进行了深入研究，提出主要从政策完善、教育提升等角度来解决农民财产性收入增长的问题。以 Hong（2004）为代表的学者通过研究教育和财产性收入的关系，得出农民的受教育程度与财产性收入成正比的结论，指出可以通过提高农民的受教育程度来增加财产性收入[7]。1986 年诺贝尔经济学奖得主布坎南（James M. Buchanan）认为，国家在调控收入分配差距时，可以借助转让税、公立教育等手段，对进入市场前的不公现象进行矫正，国家还可以通过征收遗产税和赠与税来调节或矫正因出身不同而带来的财产性收入不公问题[8]。学者迈克尔·谢若登（2005）指出为了使贫困者摆脱长期贫困，政府可以对自身所制定的政策进行调节，来保障贫困者的财产所有权和处分权，从而使其获得财产性收入，最终达到社会公平的政策目标[9]。

第三，关于农民财产性收入影响因素的研究。国外学者专门针对农民财产性收入的影响因素进行了研究，并取得了一系列研究成果。这些成果主要认为，影响农民财产性收入的因素可以划分为经济和社会两方面。Bourguignon 和 Da Silva（2003）通过对发展中国家的经济政策研究发现，发展中国家的税收政策，关于财政、货币、汇率等的宏观经济政策，均会对居民财产性收入产生影响。也有学者指出，个人的初始人力资本和家庭对个人投入的多少，有着巨大的影响，也就是说人力资本影响着个人的财产性收入[10]。Grogger Jeff 和 Eric Eide（1995）认为父母可以通过教育投资来提升子女的人力资本水平，而子女的教育水平的高低决定着子女的初始收入以及财富运营能力，同时也决定了财产性收入的多少[4]。美国学者 Lampman R（1972）认为财产构成与收入分配问题的基础性影响因素是美国经济制度中的农地产权制度[11]。耶鲁大学教授陈志武（2014）认为只有中国的农户拥有生产型财产时，中国的农户才会取得合理的财产评估和实现财产性收入提高[12]。Becker（1979）认为父辈与子辈的财产性收入是通过传承的先天特性来提高财产性收入，父辈获取的收入越高，子辈获取居民财产性收入的能力则越强[4]。Todavo（1997）研究发现财产性收入的不平等会导致财富涌向富人，但是对于富人而言，他们更乐意去消费而不是投资生产，投资收缩将不利于经济的稳定增长[4]。Peng 等（2021）通过梳理金融发展机制、投资环境以及多种宏观经济因素对财产性收入的影响，并运用固定效应和随机效应面板数据对我国 31 个省份的数据进行了分析，经研究发现，在城乡投资环境差异较大的背景下，农村居民的财产性收入，主要还是依靠储蓄投资获取，或者是从房地产建设投资中获益，而从股票和保险市场的发展中得到的收益并不明显[13]。

1.2.2 国内研究现状综述

自 2007 年党在十七大报告中明确提出“创造条件让更多群众拥有财产性收入”的政策主张后，国内学者借助翔实的资料、系统的理论以及科学的分析方法，从不同的角度和侧面对财产性收入问题展开了大量研究。

主要包括关于财产性收入的概念界定、作用与意义、影响因素、国内财产性收入的发展水平与限制因素以及实现居民财产性收入增加的路径、机制等。

第一，关于农民收入相关概念的研究。张迪（2021）认为衡量农村居民生活质量的重要统计指标为农民收入[14]。胡庆华（2020）认为农民在一定时期内获得的现金、实物等各要素总和是农民收入[15]。赵瑞（2020）认为农民收入是最直观地反映农民生活水平的指标之一[16]。段起（2020）认为农村居民一年来各种收入的总和是农民收入，而农民收入总和扣除各种收入所需的花费是纯收入，现在农民收入水平的高低一般用农村居民的纯收入来反映[17]。秦静、张磊（2020）认为农民收入是衡量全面建成小康社会水平的重要指标，同时也能更好地体现广大人民的幸福感和获得感[18]。程逸斐、曹正伟（2020）认为农民收入是综合反映农村经济发展状况的主要指标，是衡量农民生活水平的重要标志[19]。李俊钦（2019）采用政府对农民收入的定义，指出农民收入是衡量农民生活水平和状况的重要指标，一般分为总收入和纯收入[20]。李昱坤（2018）指出，我国学者多数采用农民总收入、农民家庭纯收入以及人均纯收入三个指标来衡量农民收入，其中农民总收入是指农民全年获得的收入总和，农民家庭纯收入是指全年农民收入中扣除家庭生活成本、教育成本、医疗成本等成本后的剩余。而农民人均纯收入是将农民家庭纯收入根据人口数量平均化得出的收入，农民人均纯收入不仅考虑了农民得到的实际收入，还考虑了人口数量对收入水平的影响[21]。李美慧（2017）认为农民收入按照计算方法的不同，可以分为总收入、纯收入和可支配收入；根据性质的不同，可以分为工资性收入、家庭经营性收入、财产性收入和转移性收入，而在其文章中若无特殊说明，“农民收入”就是指农村居民人均可支配收入。农村居民可支配收入是指农村住户获得的经过初次分配与再分配后的收入，其计算方法为：农村住户可支配收入=农村住户总收入-家庭经营费用支出-税费支出-生产性固定资产折旧-财产性支出-转移性支出-调查补贴[22]。

第二，关于农民收入结构方面的研究。张迪（2021）通过获取2000—2019年江苏省农民收入的数据，并以江苏省农民收入为对象，从农民工资性收入、财产性收入、经营性收入以及转移性收入四个方面对江苏省的农民收入结构以及收入结构与总收入变动趋势的关系进行分析，发现江苏省工资性收入与经营性收入的增长呈现出颓势，财产性收入较为稳定，而转移性收入的增长呈现出上升趋势，成为农民收入增长的最大动力源。同时研究发现，江苏省存在非农收入动力不足、农业效益较低以及政府政策补贴收益低的问题[14]。张梦醒、刘维忠（2021）对新疆农民收入结构变动情况和农民收入结构变动对农民收入增长的影响进行测度，发现新疆农户的收入结构发生了较大的变化，逐步形成了“一主导，二制衡”的趋势（所谓的“一主导，二制衡”就是指以生产经营性收入为主，工资性收入、转移性收入平分秋色），但是收入结构的转变导致农民收入增长产生了不合理的现象，在转移性收入不能长期支持农民持续性的收入增长的背景下，在土地、农业机械、劳动力要素稳定投入的状态下，经营性收入的增长较为缓慢，而工资性收入的拉动力后劲不足，导致农民收入的增长处于一种“增长瓶颈”的滞碍状态[23]。吴国松、姚升（2021）基于基尼系数探讨要素市场扭曲背景下农民收入总水平和收入结构变化的地域差异，通过收入结构变动指数分析农民收入结构的变动情况，并采用夏普利值分解法量化分析不同影响因素对不同地域农民收入差异的贡献率和贡献排序，研究发现，不同地区的农民收入水平的差异呈现出逐年扩大趋势，农民工资性收入和收入总水平的基尼系数值趋向国际收入差距警戒线；农民四大收入来源的增长潜力和增长速度对农民增收的贡献存在显著结构性差异；要素市场扭曲阻碍了不同地域农民总收入及不同来源收入的增长，而其他因素具有显著的增收效应[24]。孙建文（2020）采用横向分析和纵向分析相结合的方法对2013—2018年山西省农户收入结构进行对比分析，发现当前山西省农户收入最重要的组成部分是工资性收入，但其所占比重呈现下降趋势，占比第二的是经营性收入，其比重也呈现出逐年缩减的趋势，转移性收入占农民收入的比重处在第三位，其比重呈现上升趋势，财产性收入在2013—2018年仍然无法成为山西省农户收入的主要来源[25]。王小华（2019）对1984—2017年的农民收入进行实证研究发现，一是收入增长的源泉由过去单纯依靠家庭经营性收入增长转变为各项经营性、工资性、转移性、财产性收入的协同增长；二是2010年农民工资性收入对农民增收的累计贡献力超越了家庭经营性收入，未来一段时间会呈现出“并驾齐驱”的趋势；三是农民财产性收入和转移性收入对农民增收的贡献率已从2%上升至16.02%[26]。张静、王微（2019）通过对宁夏农村居民可支配收入结构分析指出，工资性收入已成为宁夏农民收入增长的主要支撑，家庭经营性收入是农村居民收入增长的坚实基础，财产性收入和转移性收入是拉动农村居民收入增长的新型力量[27]。邹晨、欧向军（2018）对中国城镇居民收入差异的来源结构进行分析，发现工资性收入是造成区域收入差异的最主要的因素，其次是转移性收入、经营性收入，财产性收入的影响相对较小[28]。陈欢（2017）认为新疆农民收入结构中，家庭经营性收入比重较大，工资性收入比重相对较小，转移性收入和财产性收入长期处于较低水平[29]。张祯、陈潇腾等（2017）通过实证研究发现，农民收入的主要来源是经营性收入和工资性收入[30]。陈巧、胡宜挺（2013）对新疆2002—2011年的农民收入进行分析，得出新疆农民收入的主要来源为家庭经营性收入，其总量呈现逐年增长的趋势，其在农民收入中的比重呈现下降趋势。工资性收入、财产性收入和转移性收入占农民人均纯收入比重较小，但是比重增长幅度较大[31]。

第三，关于农民财产性收入概念界定的研究。张麓莹（2021）认为农民财产性收入是指资本通过参与社会生产活动和生产活动所产生的收入，也就是农民利用家庭所拥有的存款、证券、股票等金融资产以及房地产等不动产所获得的收入，其中包括利息、租金、债券收益等[32]。马晓双

（2021）认为农民财产性收入主要是指农民利用自身所拥有的动产和不动产，通过经营、流转以及出让等形式而从中获取的收益[33]。宋旭阳（2020）认为人们通过对资本、技术和管理等要素的使用进而参与社会生产与生活活动所产生的收入被称为财产性收入（或资产性收入）[34]。《中国统计年鉴（2005）》明确指出，财产性收入是指将自己拥有的金融资产或有形非生产性资产向其他机构单位提供或供其支配，作为回报而从中获得的收入，包括利息收入、股息收入、租金收入、出让特许权收入和其他财产收入。费之光（2020）认为财产性收入指的是居民和个人对其拥有的不动产与动产使用而获得的收入[35]。申朝霞（2019）认为农民财产性收入是指居民通过家庭得到的财产，其中包括银行存款、证券、房屋、土地、车辆等，对财产进行使用而获得的收入[36]。高若凡（2018）认为财产性收入是指家庭依靠拥有的动产和不动产所取得的收入[37]。李洁（2011）认为财产性收入更多的是指利息、土地转包的收入、出卖家禽和作物所获得的收入等[38]。姜婕、林淋（2009）认为农民的财产性收入是指农民通过对自己所拥有的财产行使占有权、使用权、收益权、处置权等权能，而获得的相应收益[39][40]。肖红华等（2008）认为农民财产性收入，指拥有金融资产或有形非生产性资产的农村住户向其他机构单位提供资金或将之供其支配，作为回报而从中获得的收入[41]。

第四，关于财产性收入的作用与意义的研究。宋旭阳（2020）认为农村居民财产性收入水平的提高是我国农民生活水平整体提高的基石，而且农民财产性收入提高对于缩小城乡居民差距有重大意义[34]。郭苏文、吴徐雯（2020）认为让农民通过土地财产权利获得财产性收入，是实现农民收入倍增、增进农民福祉的关键[42]。王振权（2020）通过梳理浙江省农民财产性收入的情况得出，农民财产性收入不但是农民收入的重要组成部分，同时也是实施乡村振兴战略、促进城乡协调发展的重要举措[43]。林晓荣（2020）认为在乡村振兴战略背景下，振兴乡村必须增加农民收入，而农民财产性收入作为一个新的经济增长点，必须提高其在农民总收入中的比重[44]。陈燕赟、郑国诜（2019）认为自党的十七大以来，农民财产性收入的增加对带领农民走向富裕、拉动内需以及缩小城乡差距具有重要意义[45]。刘宇杰（2019）认为农民财产性收入是农民收入增加的新的增长点，具有极大的潜力[46]。金丽馥、史叶婷（2019）提出，探究当前农民财产性收入在土地制度、收入分配、农民意识、金融体系等方面的制约因素，对有效落实“乡村振兴战略”具有重要的现实意义[47]。张弥、侯启缘（2019）认为财产性收入作为居民收入中的重要一环，对于提升居民生活质量具有重要作用[48]。陈秀丽（2017）认为，财产性收入作为新时期农民收入的新的主要来源，对农民生活水平的提高、农村经济的发展以及社会整体经济水平的提高有着重要的作用[49]。

第五，关于农民财产性收入增长的影响因素的研究。廖小婷、朱建华、李荣强（2021）认为我国农民财产性收入与城镇化水平密切正相关，城镇化发展水平越高，越有利于刺激农民财产性收入的增长，在城镇化水平越低的地区，城镇化发展对农村居民财产性收入增长正向刺激越明显。同时研究发现由于新型城镇化建设在全国范围内得到了推广，其对农民财产性收入的影响也较为显著[50]。李荣强、廖小婷（2021）通过研究揭示了在现有的农村金融发展状况下，通过加强农村金融体系建设，改进现行农村金融制度、结构与服务方式，提升农村金融的发展水平，进而促进农民财产性收入的增加[51]。朱建华、李荣强（2021）以新型城镇化建设对农民财产性收入的影响为研究目标，进而探讨城镇化建设对农民财产性收入增长的作用机制，通过研究发现新型城镇化建设对农民财产性收入的增长具有显著正向作用，推动新型城镇化可助力农民财产性收入的可持续增长[52]。也有部分学者提出相应观点，认为中国在分配金融资源时存在明显的不平等趋势，资源多偏向城市，这势必会造成城乡区域贫富差距的扩大，尤其是城乡居民财产数量的差距，这必然会导致城乡居民财产性收入的巨大差距。张国林、何丽（2021）从土地流转的角度对农民财产性收入增加进行研究、实证分析，结果表明，土地确权显著提高了农民的财产性收入[53]。郭苏文、吴徐雯（2020）通过选取重庆市 37 个样本，并将其分为“远郊”“城郊”“城中村”等三个子样本进行分组研究，得出地票制度①对农民财产性收入的影响。研究结果表明，其对“远郊”农民财产性收入提升的效果优于“城郊”农民财产性收入，而对“城中村”农民财产性收入的影响不显著[42]。王婕（2020）认为，农村宅基地使用权抵押运行机制，在运行后期对推动农业生产有更加持续的效能，间接助力农民财产性收入的增收[54]。刘宇杰（2019）提出，解决好“三农”问题的关键在于通过深化农村土地制度改革，大幅度提高农民财产性收入[46]。申朝霞（2019）认为，农村集体经济稳定发展、规范土地承包经营权以及保护农民合法权益是农村集体经济下农民财产性收入的提升方法[36]。黄佑刚（2018）认为，农村的产权制度改革可以刺激农民财产性收入的增长[55]。杜一馨、范玉（2017）认为，土地是农民财产性收入增加的主要渠道，农村闲置的宅基地是重要来源，农民自有资金是重要手段[56]。

第六，关于国内财产性收入的发展水平与限制因素的研究。扶桑（2021）通过获取安徽省近些年来农民财产性收入的数据，进而分析发现农民财产性收入的增长瓶颈包括制度瓶颈与市场瓶颈。制度瓶颈主要包括不健全的土地产权制度、缺乏针对农村的社保制度、不完善的土地征收制度以及不合理的收入分配制度等；而市场瓶颈则包括农村产权交易市场发展不成熟，对盘活土地资产造成了阻碍，金融市场的发展在农村较为落后，造成外部环境固化[57]。许玉久、王登宝（2021）通过对安徽地区农民收入水平的整理分析，认为可支配收入较少、农民金融制度不完善以及

---

① 地票制度是指农村集体建设用地，经过复垦并经土地管理部门严格验收后产生的指标，以票据的形式通过重庆农村土地交易所在全市范围内公开拍卖，于 2008 年在重庆市实施。

受教育程度不足等因素限制着农民财产性收入的增长[58]。王振权（2020）对浙江省农民财产性收入基本情况进行梳理并分析制约农民财产性收入增长因素，提出生产要素拥有量少、农村家庭财产积累速度较慢、持股分红途径不多、农村金融市场不活、财产权益价值未充分释放以及基础设施较差等六个方面限制浙江省农民财产性收入增长[43]。林晓荣（2020）对江苏省 2010—2017 年的农民财产性收入发展水平进行研究得出结论，一是江苏省农民拥有的财产性收入呈现明显上升趋势，财产性收入增长率逐步加快。二是农民财产性收入在总收入中的比例较小，但近年来其增长率远高于农民年人均收入[44]。陈燕赟、郑国诜（2019）以闽粤赣边地区的农民为研究对象，对其财产性收入增长的制约因素进行研究，发现较为落后的工业化、城镇化水平以及生态功能的承担制约了农民收入水平的提高，无法支撑财产性收入持续增长[59]。覃建芹（2019）认为宅基地制度制约着农民财产性收入增长[60]。王文峰（2019）认为农民家庭财产形成速度慢、土地资产价值有效发挥不足、农业产业化及配套不足、部分农村集体经济衰退矛盾突出以及农村居民金融理财渠道不畅等因素成为农民财产性收入增加的瓶颈[61]。

第七，关于实现居民财产性收入增加的路径、机制的研究。许玉久、王登宝（2021）通过多渠道增加居民的收入来源、加强对农村居民投资理财的专业化培训教育、构建完善的农村金融体系、增加农民投资增收渠道等多种方式构建破解农民财产性收入增长困境的长效机制[58]。林晓荣（2020）认为，乡村振兴战略下增加农民财产性收入，应建立健全土地承包经营权流转的市场运行机制[44]。费之光（2020）认为，提高农民财产性收入就要加强法律法规建设，保障农民土地财产收益权利；建立农村各种保障体系，改善农村生产生活条件，增加农民的收入来源；着力提高农民在土地经营承包方面的收益，保证农民宅基地及附属设施的增值收益，增加农民银行理财资金投资收益等[35]。陈自芳（2019）认为，促进土地资产化是增加农民财产性、工资性收入与促进大农业发展一箭双雕的有效路径[62]。陈晓枫（2018）通过对贵州省安顺市平坝区乐平镇塘约村宅基地确权、颁证、土地流转等合法程序的研究，明确了集体和农户间的权利归属，厘清了权责，实现集体统一经营，为盘活集体资产、发展壮大集体经济、提高农民财产收益提供了制度保障[63]。杜一馨、范玉（2017）提出壮大农村集体经济组织实力、进一步完善土地承包经营权流转机制、创新农村金融模式、拓宽农民财产性收入渠道是增加农民财产性收入的重要途径[56]。黄贞（2017）提出通过规范经营权流转市场，强化财产增值的保障、培育新型农业经营主体，增加财产性收入、完善农村金融服务体系，拓宽财产增值渠道，进而拓宽我国农民财产性收入的路径[64]。

第八，关于农民财产性收入研究成果的数量分析。农民收入问题是“三农”工作的重中之重，一直被党和国家高度关注，而解决好“三农”问题的根本在于提高农民收入水平。中共中央在中共十八届三中全会上提出“探索农民增加财产收入渠道”；“十三五”规划强调增加农民财产性收入；党的十九大报告提出了要依然把“三农”问题作为全党工作的重中之重，实施乡村振兴战略，振兴农村经济，并且进一步指出“扩大居民的劳动收入和财产收入渠道”。而这个问题和一系列政策同时被国内学者关注进而进行研究。笔者查阅了近五年来我国学者在中国知网上发表的关于农民收入和农民财产性收入的研究成果，并进行了总结和对比分析（见表1-1）。

表1-1　2016—2021年关于“农民收入”“农民财产性收入”文献数量

年份	关于“农民收入”（篇）			关于“农民财产性收入”（篇）		
	总数	学术期刊	学位论文	总数	学术期刊	学位论文
2016	180	130	40	25	20	3
2017	146	107	34	20	10	5
2018	142	81	51	18	10	2

续表

年份	关于“农民收入”（篇）			关于“农民财产性收入”（篇）		
	总数	学术期刊	学位论文	总数	学术期刊	学位论文
2019	128	81	46	22	17	3
2020	116	89	23	9	6	2
2021	93	75	12	7	6	1

数据来源：中国知网。

从表 1-1 和图 1-4 可以看出，2016—2021 年，无论是关于“农民收入”还是“农民财产性收入”，论文的发表数量均呈现逐年下降的趋势，说明近年来学界对“农民财产性收入”问题的直接关注越来越少。但新时代我国农村各项制度改革逐步深化，农民手中可以支配的财产越来越多，财产性收入的获得较以前更为容易，而这本身也是农民收入增长的短板，需要得到各界的广泛关注。

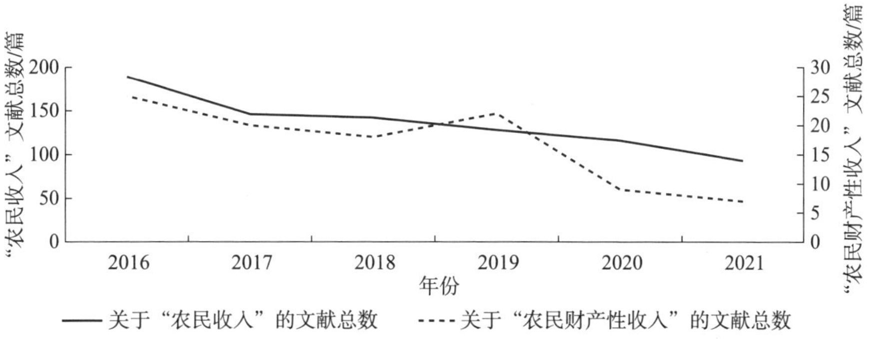

图 1-4　2016—2021 年关于“农民收入”“农民财产性收入”发表文献情况

数据来源：中国知网。

表 1-2　2016—2020 年对财产性收入研究的统计

具体内容	发表篇数
增加农民财产性收入研究	25
农民财产性收入影响因素的研究	11
农民财产性收入的路径研究	13

续表

具体内容	发表篇数
农民财产性收入对策研究	9
农民财产性收入问题研究	8
农民财产性收入机制研究	3
其他研究	25

数据来源：中国知网。

从表 1-2 可以看出，近年来，学界关于“农民财产性收入”的论文发表总数为 94 篇，对财产性收入的研究内容主要集中于财产性收入的增收现状、影响因素、路径、对策和机制，也有 8 位学者对农民财产性收入问题进行了综合研究，但不够深入。其中对“增加农民财产性收入”的研究最多，有 25 篇，占比为 26.6%，而对“增收机制”的研究仅有 3 篇文章，占比为 3.2%。从中也可以明显看出，学界对财产性收入保障机制问题的关注度不够，研究成果少之又少。

第九，关于农民财产性收入的保障机制研究。顾铭嫄、龙咏君等（2021）基于贵州省 4 年居民财产性收入的相关数据，研究城乡居民财产性收入存在差距的主要原因并分析影响因素，进而构建并创新农民财产性收入增长的保障机制[65]。金华旺（2019）以城乡融合发展为视角，分析了我国财产性收入的现状及问题，他认为应通过进一步推进农村产权制度改革、发挥新型城镇化载体平台增收效应等来拓展我国农民财产性收入增收的保障机制[66]。史叶婷（2017）认为，在新常态下，中国的经济进入了中低速发展阶段，农民收入的增加在一定程度上受经济结构和发展速度的影响。她通过收集江苏省农民土地财产性收入的数据并对其进行具体分析，总结出当前农民土地财产性收入的四大特征，进一步探究影响收入增加的制度因素、需求因素和素质因素。在上述研究的基础上，从完善社会保障制度、改革征地制度、土地产权制度、健全法律体系以及规范土地流转市场等五个角度，为新常态下农民土地财产性收入的增加提供保障[67]。

1.2.3 国内外研究述评

通过梳理国内外现有的研究成果，总结国内外对该问题的研究动态，可以看出前人在农民财产性收入的影响因素、作用、制约因素、提升路径等方面取得了大量的研究成果，为课题研究奠定了坚实的理论基础，然而，就形成完备的收入分配理论而言，现有的研究在研究内容、研究方法、研究视角上还存在一些不足。

第一，在研究内容上，乡村振兴背景下的农民财产性收入问题一直处于被忽视的地位。党的十九大报告明确指出："农业农村农民问题是关系国计民生的根本性问题，必须始终把解决好'三农'问题作为全党工作重中之重，实施乡村振兴战略。"随后，中央发布一号文件，对新阶段优先发展农业农村、全面推进乡村振兴作出总体部署。2018 年 3 月 5 日，李克强总理在《政府工作报告》中也提到"大力实施乡村振兴战略"。2018 年 5 月 31 日，中共中央政治局审议《国家乡村振兴战略规划（2018—2022 年）》，2018 年 9 月中共中央、国务院印发了该规划，成为农村、农民发展的重要指挥棒。所以，学者们围绕农村产业发展、政策支持、精准扶贫、人居环境改善、土地制度改革等农村发展中存在的现实问题展开了大量研究，但从研究成果的梳理情况来看，对农民财产性收入增收渠道的研究偏少，说明对该问题的研究一直不被重视。乡村振兴的根本在于生活富裕，而生活富裕的关键是农民手中的可支配收入越来越多。所以，实施乡村振兴战略，要求不断拓宽农民增收渠道，全面改善农村生产生活条件，促进社会公平正义。而财产性收入是农民收入增长的短板，自然成为目前解决农民持续性增收问题的新路径，成为全面深化农村产权制度改革后不容忽视的重要问题。

第二，在研究方法上，现有成果中对机制的研究注重定性分析，实证分析偏少。我国地域广阔，由于地理和气候条件的不同，导致各个区域资源差异较大，尤其表现在农业资源上。所以不同区域农民面对的实际状况不同，手中拥有的财产也存在很大差异，如果忽视具体条件的变化，而总括性地运用定性分析方法进行研究，结论并不具有普适性。所以需要根据各地区的实际情况，选用恰当的变量和指标来实证分析各地区农民财产性收入的状况，才能切实挖掘出研究区域农民财产性收入增长的规律及存在的本质性问题，进而有针对性地找寻增加财产性收入的渠道，实现研究目的和区域经济发展。

第三，在研究视角上，对农民收入及财产性收入增长的研究多集中于增长方式、路径、影响因素等方面。有些学者从宏观的角度对乡村振兴背景下农民收入及财产性收入增长的问题提出了一些政策建议，比如加快构建制度体系、完善法律法规、大力发展农村职业教育、增大农民财政支出等。也有学者从微观的角度，提出加大对农民的培训力度、为农民提供更多的就业岗位、鼓励企业向农村地区投资、吸引社会资本流向农村地区等建议。还有学者将以上观点综合起来，从微观、宏观的不同角度，提出一些政策建议。尽管这些研究已对该问题进行了相关分析，但对乡村振兴战略实施背景下如何增加农民财产性收入作用机理的相关论述并不完善，也不充分。本书注重实际发展，通过重点调查、分析青海东部农业区农民财产性收入的具体情况，并结合乡村振兴的五大要求，借鉴国内学者专家的研究成果，系统分析乡村振兴与农民财产性收入增长的内部联系，总结二者发生作用的内在机理。在此基础上，一方面，对青海东部农业区农民财产性收入状况进行实证评价，发现实际存在的问题；另一方面，鉴于当前我国学术界对乡村振兴与农民财产性收入增长的作用机理尚未得出准确的研究结果，本文尝试在系统梳理、分析青海东部农业区农民财产性收入状况的基础上，阐述乡村振兴与农民财产性收入增长的作用机理，并结合实际构建乡村振兴背景下农民财产性收入增长的保障机制。

1.3 研究内容及研究方法

本书针对青海东部农业区农民的财产性收入展开研究。农民的收入包括经营性收入、工资性收入、转移性收入和财产性收入，本书只研究财产性收入。本书以新制度经济学、收入增长理论等为理论基础，欲通过对青海东部农业区农民收入的实地调研，准确辨别和分析目前青海东部农业区农民的财产性收入及可支配财产状况，然后根据统计和调研资料，构建模型，实证分析其制约因素，在青海具体的自然地理和经济社会条件下，提出构建青海东部农业区农民财产性收入增长的保障机制。

1.3.1 研究内容

研究分为三个部分。

第一部分是基础研究。主要包括第 1 章的绪论和第 2 章的基础理论和基本概念部分。绪论部分主要对论文的研究背景、研究目的、研究意义以及关于农民财产性收入的国内外研究现状进行了介绍。在对文献进行梳理和分析的基础上，确定本书的研究思路。基础理论和基本概念部分，主要在对课题研究涉及的基础理论和基本概念深入分析的基础上，结合青海东部农业区的发展实际，确定本书的研究假设，认为影响农民财产性收入的因素包括：经济、政治、文化、道德、风险等方面，农民财产性收入保障机制的构建需要制度加以推动。并设计科学合理的研究路线，为后期研究提供理论支撑。

第二部分是研究的主体部分，包含第 3 章青海东部农业区农民财产性收入现状分析，第 4 章青海东部农业区农民财产性收入区域差距测度和第 5 章青海东部农业区农民财产性收入影响因素分析。现状部分主要通过数据的收集和整理，从区域概况、收入比较分析、财产性收入比较分析、土地制度改革等方面分析青海东部农业区农民财产性收入状况。并总结分析青海东部农业区农民财产性收入增长存在的问题，包括青海东部农业区农民财产性收入基数小，占总收入的比重偏低；农民财产性收入结构不合理，转让承包土地经营权租金收入不高；城乡农民财产性收入差距明显；青海东部农业区各区域财产性收入差距明显；土地制度改革成效显著，但农民集体经济实现方式单一，农民手中的“财产”转为收益的现实性受阻。区域差距测度部分主要是通过标准差、极差、基尼系数、泰尔指数等一些数据的测算，来分析青海东部农业区各区域农民财产性收入的差距。具体测算结果表明：青海东部农业区农民财产性收入差距明显，要保持整个区域财产性收入的持续增长，需要根据不同区域特性，加快各区域财产性收入增长，缩小区域之间收入差距，实现各区域共同发展。影响因素分析部分首先根据研究假设，运用二元 Logistic 模型对影响财产性收入的指标进行甄别，然后运用主成分分析方法提取公因子，总结影响因素，最后运用灰色关联度分析方法对影响指标进行相关性排序，以验证主成分分析的结果。最后得出结论：影响青海东部农业区农民财产性收入的因素有：经济因素、风险因素、道德素质因素。

第三部分是论文的结论部分。结合影响因素分析结果，首先将农民财产性收入增长和乡村振兴战略的总要求结合起来，探讨乡村振兴战略实施与农民财产性收入增长的内在作用机理，然后从农民主体地位的保障、财产制度的健全、法律法规的完善、市场体系的建立四个方面分析该作用机理的实际运行，以保障农民财产性收入的持续增长。最后针对论文研究结果，对未来研究方向加以展望，主要目标是促进乡村振兴与脱贫攻坚的有效衔接，实现全体人民共同富裕。

根据以上研究内容，确定本书研究的技术路线，如图 1-5 所示。

1.3.2 研究方法

（1）文献研究法。通过对农民增收理论及财产性收入增长、乡村振兴

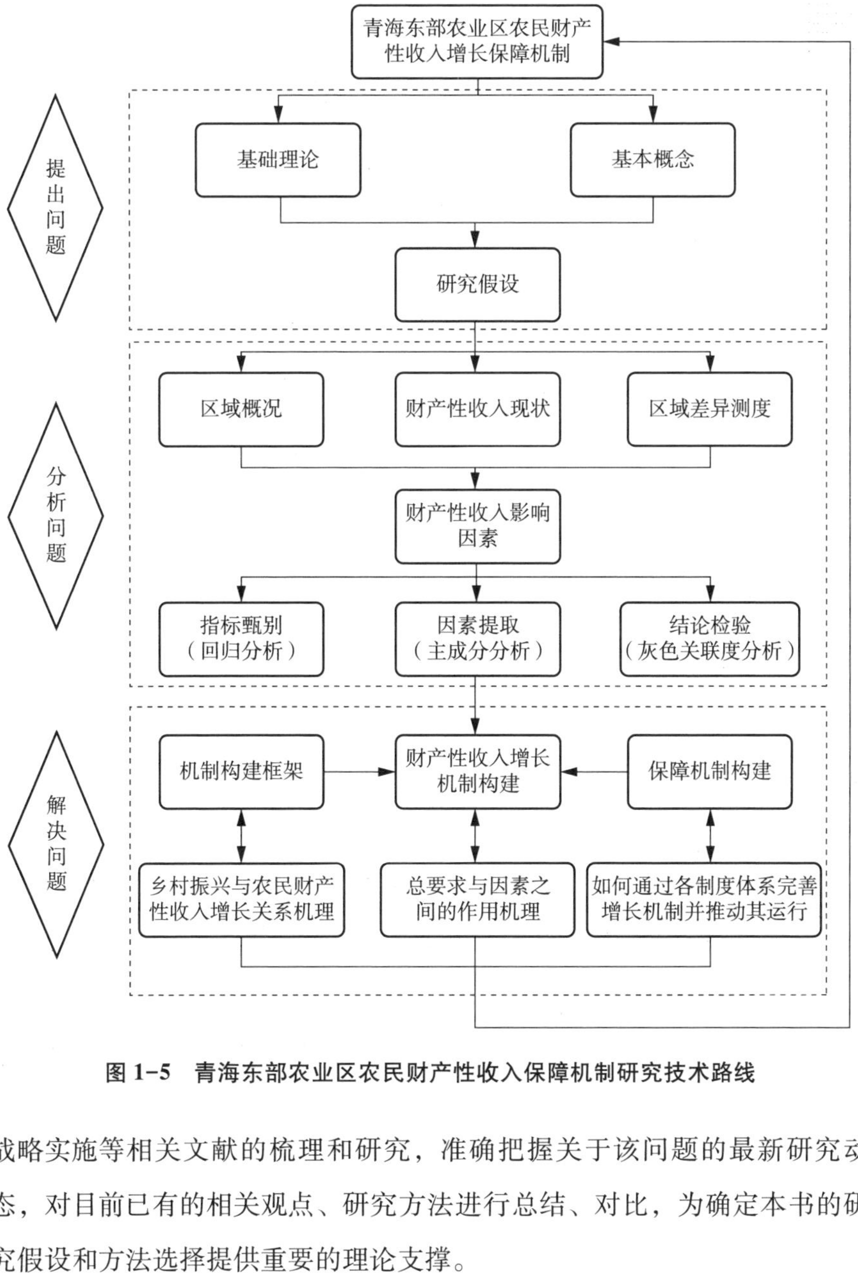

图 1-5 青海东部农业区农民财产性收入保障机制研究技术路线

战略实施等相关文献的梳理和研究，准确把握关于该问题的最新研究动态，对目前已有的相关观点、研究方法进行总结、对比，为确定本书的研究假设和方法选择提供重要的理论支撑。

（2）统计分析法。通过收集《青海统计年鉴》《海东市统计年鉴》《西宁市统计年鉴》的历年统计数据，结合实地调研获得的调研数据，对青海东部农业区农民收入现状进行详细分析，这将从宏观上为判断青海东部农业区农民收入持续稳定增长的限制因素提供实践依据。

（3）定性分析与定量分析相结合。在定性分析中构建分析框架，进行机理分析。在对青海东部农业区财产性收入现状描述、分析乡村振兴战略实施与财产性收入增长作用的内在机理以及保障机制构建中主要采用定性分析方法。定量分析主要为定性分析提供数据支持和实证分析结果支撑。在对青海东部农业区农民财产性收入差距测度和影响因素进行分析时，主要采用定量分析方法。通过定性和定量分析相结合的方法，对青海东部农业区农民财产性收入状况进行深入分析，为后文验证假设提供基础。

（4）实地调查法。通过查阅《青海统计年鉴》《海东市统计年鉴》发现，年鉴中对农民财产性收入的统计数据不多，而且全部为县域以上数据，对于青海东部农业区内的各区域相关数据并没有进行专门统计。本书为了掌握青海东部农业区农民财产性收入的真实状况，尤其是为了实现区域内的比较，采取调查问卷、实地访谈等方法来获取第一手资料，为课题研究提供实证分析依据。

1.4 本章小结

本章是整个研究的开端，主要确定研究的背景、目的、意义、方法。在对国内外相关研究成果进行梳理、分析、评价的基础上，结合我国乡村振兴实施的大背景和青海省东部农业区的实际发展情况，确定本选题的必要性。根据研究需要，确定研究框架、主要研究内容，选择合理的研究方法，为后文提供理论支撑。

2

基础理论和基本概念

2.1 乡村振兴战略提出的背景及内涵

2.1.1 乡村振兴战略提出的背景

乡村是一个国家生存和发展的基础，与城镇共同构成人类赖以生存和活动的空间。随着我国工业化、城镇化进程的逐步推进，农村大规模的剩余劳动力进入城市，满足了城市建设对劳动力的需求，也给城市带来了快速发展的动力，使得城市在制度建设、文化营造、公共设施建造、城市建设等方面得以逐步完善。与此同时，农民也从城市发展中获得工资性收入，拓宽了收入渠道，快速提升了生活质量。最明显的表现就是从“脚蹬自行车、黑白电视机、砖瓦平房”变成了“四轮小轿车、液晶曲面彩电、电梯洋房”，真正过上了“楼上楼下、电灯电话”的生活。生产生活方式的改变，给农村带来了巨大的变化，但由于城镇化建设，农村劳动力大量外移，在一定程度上改变了社会结构，愿意留在农村种地的农民越来越少，农业的逐渐衰退和部分农村出现的弃耕抛荒现象，使农产品供给受到很大影响，这不仅严重阻碍了乡村经济的发展，也增加了我国对国外农产品供给的依赖度。国外农产品市场变动影响的风险变大，不利于我国经济的持续稳定发展。

从目前农村整体发展情况来看，自改革开放后，农村经济在国家一系列政策的支持和推动下，已经有了较大程度的发展，但与城市发展速度相比仍然较慢，城乡收入差距依然偏大。农村生产力发展水平整体落后于城市，主要表现在农村居民收入水平总体偏低、消费层次落后、消费结构单一、基础设施建设滞后、公共服务水平不高等方面。这些问题导致我国城乡发展不平衡、农村发展不充分，这是新时代的新问题，也是乡村振兴战略实施过程中的重点问题，应予以充分关注。

从城镇居民需求的角度来看，随着农村农民收入水平和生活水平的逐步提升，我国城镇居民对农产品的需求已经从单纯追求量的增长向追求质量、安全、营养协同增长转变。城镇居民要求获取安全的农业产品，不仅需要农村为其提供清洁的空气、洁净的水源和风光优美的田园生活等生态产品，还需要农耕文化类的精神产品。从农村居民需求来看，他们不仅要求农村生活空间得到有效改善，还要求拥有更加繁荣的农村经济。在收入提升和生活水平提高的同时，农村居民还需要完善的基础设施、较高的公共服务水平、丰富的文化活动以及较高的教育水平，即在满足物质生活富足的同时，不仅要享受更好的教育资源和生态资源，还要生活在好山好水中。因此我们可以看出，无论是从城镇居民的需求角度，还是从农村居民的需求角度，都要求农村得以发展，农业得以进步。乡村振兴战略的提出，正是为了加快农村地区的发展，提高农民的收入，进而切实推动农业高质量发展。

随着2020年底中国第一个“百年目标”，即全面建成小康社会的实现和脱贫攻坚任务的全面完成，我国迈向了第二个百年奋斗目标，即实现全面现代化和中华民族伟大复兴。全面现代化的实现要求城市和乡村都实现现代化，但就目前过大的城乡差距和乡村发展的现状而言，农村现代化将成为这个目标实现的最大阻碍，也是全面现代化实现的难点。所以，为了全面现代化的实现，我们需要更加重视农村的全面发展、农业的提质增效，以及农民的收入提升。

从以上的分析可以看出，无论是从农村发展角度看，还是从城镇居民需求角度看，抑或是从农村居民需求角度看，新时代对农村建设和发展有了新的期待、新的要求。新要求下，乡村在产业发展、人文关怀、人居环境、乡风文明、村级治理、生活水平等方面都要发生质的改变，真正为农民提供一个优越的生产生活环境。故为解决城乡发展不平衡、不充分的问题，也为了满足人民日益增长的美好生活的需要和全面现代化的实现，必须实施乡村振兴战略。

2.1.2 乡村振兴的内涵

党的十九大报告中，以“产业兴旺、生态宜居、乡风文明、治理有效、生活富裕”为总要求，首次提出了乡村振兴战略。把乡村振兴战略五个方面的二十字总要求与十六届五中全会提出的“生产发展、生活宽裕、乡风文明、村容整洁、管理民主”要求进行对比，可以看出，除了“乡风文明”，其余内容均发生了改变，这种改变不仅仅是字面的调整，更多的是体现了丰富的内涵和更高的标准及要求，为新时代农村建设和发展作出了科学的指引，指明了发展方向，提供了路径引导。

乡村振兴战略五个方面协同发展，才能给农民、农村、农业带来质的改变，让“农民富起来、农村美起来、农业强起来”。①产业兴旺是解决农村一切问题的基础，它对产业融合发展提出了要求：农村经济发展不能只追求传统产业，即第一产业的快速发展，而要遵循马克思的社会再生产理论，实现一、二、三产业的融合发展。②生态宜居是乡村振兴的内在要求，体现了广大农民群众对良好生活环境的需求，是提高生活质量的必然要求。③乡风文明是乡村振兴的紧迫任务，它对农村优良传统文化的弘扬和传承提出了要求，也是践行社会主义核心价值观的重要体现。④治理有效是乡村振兴的重要保障，好的环境、持续的产业发展、乡风文明的保持和传承需要有效的乡村治理，这样农村的发展、社会的运行才能有序进行，农民的生活才能得到保障。⑤生活富裕是乡村振兴的最终目的，广大农民群众最大的愿望就是过上美好的生活，做到“不愁吃、不愁穿、不愁学、不愁医”，这也是社会得以稳定的重要筹码。

2.1.2.1 产业兴旺是乡村振兴的经济基础

党的十九大报告中将产业兴旺放在乡村振兴战略总要求的首位，是为了强调农村生产力的不可替代性。而从新农村建设到乡村振兴战略的提出都体现出产业兴旺在农业农村发展中的重要性以及不可替代性。因为它一方面为乡村的文化振兴、组织振兴、人才振兴等提供物质保障；另一方面对于解决因工业化、城镇化的快速发展而带来的农业农村发展空心化、结构单一化以及农村衰败等问题具有重要的意义，但是在紧紧围绕产业兴旺，促进农村产业发展的同时，政府、人民以及企业需要深刻地认识到，这里所要求的产业是有质量、有效益的产业，只有这样，我们才能在乡村振兴中实现有质量的兴旺和有效益的兴旺。所谓“有效益，有质量”的兴旺是指对技术、资本以及资源要素进行优化配置，促进农业产业组团式发展；农村产业以优化型农业结构高质量发展以及使国家粮食安全得到保证。除了上述两点外，产业兴旺不仅仅是指农业的兴旺，更多的是指农村三大产业融合发展的兴旺。根据马克思的再生产理论，要求国民经济各部门之间，各产业之间协同发展。如果农村只注重第一产业的发展，将会阻碍农业技术创新的发展，也会导致农产品附加值降低，影响农民收入。相反，如果农村过多注重第二产业、第三产业的发展，必将降低农村土地资源的利用效率，同时还可能造成生态环境的破坏和经济资源的浪费。我们可以通过制定并实施各种政策，吸引资本、技术以及人才等优势资源进入农村，在保持第一产业发展的同时，通过技术改进、招商引资、教育培训等方式推动农村一、二、三产业融合发展，从而更好地将农业生产融入农村产业发展中，取得农业、农村、农民的同步发展，让农民在农村翻天覆地的变化中体会中国特色社会主义制度的优越性，更重要的是愿意留在农村、建设农村、改变农村。良好的农村产业发展不仅体现在粮食稳定增收方面，也体现在农业产业结构的优化、农业产业的绿色化、特色化等方面，因此要重视乡村产业发展兴旺的重要性，与此同时，也要重视产业兴旺在乡村振兴战略中的基础性地位，正是产业兴旺的特殊地位，决定了乡村产业在发展过程中必须稳扎稳打，只有夯实基础，才能更好地实施乡村振兴战略。

2.1.2.2 生态宜居是乡村振兴的关键环节

实现生态宜居需要良好的生态环境，后者是前者的保证，而实现乡村生态宜居并不是简单地指“村容整洁”“村貌优美”，更多的是强调人与自然的和谐共生。乡村生态宜居从根本上来讲就是要改善、保护乡村的生态环境，让农民有一个安全、舒适、美丽的生活空间，这是实现乡村振兴的关键环节。随着社会经济的快速发展，为满足广大农民群众对美好生活的向往，党和国家在实施乡村振兴战略过程中，一是要将生态文明建设放在突出的地位，在美丽乡村建设及乡村振兴战略实施过程中将农村环境的改善和治理作为重要的工作来落实。具体而言，就是通过加大对农村基础设施的资金投入和农村生态资源保护力度，促进农村水、电、路等基础设施得到改善，农村居民人居环境得到治理，将以前“无电、无水、无路、无市场”的农村生产生活状态转变为“有电、有网、有水、有路、有市场”的现代社区式生活空间。换句话说，即从根本上转变农村居民的生产生活方式，如将农村旱厕转变为“卫生厕所”，将农村“垃圾随处可见”转变为“按类储存，集中转运”，将农村房屋周边“泥泞小路”转变为“水泥大道”，将农村“手工耕地”转变为“机械化耕种”等。二是要与自然和谐共生。习近平总书记提出“绿水青山就是金山银山”，这实质上是要求我们在乡村振兴战略实施过程中，将田园风光的清新与洁净保护好，通过开发农村特有的田园风光等自然资源来吸引城市消费者，发展乡村旅游、休闲观光甚至乡村养老，促使乡村一、二、三产业融合发展，进而拓宽农村居民就业渠道，增加农民收入。三是在乡村振兴战略实施过程中深入贯彻新发展理念。在大力发展乡村产业和乡村经济过程中，绝不可以以牺牲乡村自身生态资源为代价，而应当以绿色发展和生态保护为导向，坚持乡村发展的绿色化、生态化。同时，在乡村发展中也必须融入共享共建理念，通过各种方式激发农村居民发展地方特色经济的积极性，通过发挥农村特有的自然资源和生态资源优势，发展农村特色经济。与此同时，要教育农村居民在发展过程中绝不能一味地只追求经济效益的提高，而是要兼顾资源的使用效率和生态环境的保护，力求经济发展与环境保护协同发展，这实际上是要求提高农村居民的社会责任感。让村民真正意识到村容村貌、生态环境、公共设施是所有村民共有的财产，需要全体村民共同建设和保护。在乡村振兴战略实施过程中，我们不仅要为生存创造良好的生态环境，更需要全体居民按照环保规则自觉维护和保护生态环境，这样才能实现可持续发展。

2.1.2.3 乡风文明是乡村振兴的文化基础

习近平总书记强调："乡村振兴，既要塑形，也要铸魂，要形成文明乡风、良好家风、淳朴民风，焕发乡村新景象。"可见文明、良好、淳朴的民土风情是乡村振兴的前提和基础。优秀的农村传统文化凭借其深厚的底蕴以及流传悠久的优势，能够在乡村发展过程中倡导现代文明的理念和良好的生活习惯，形成优良的新时代乡风文明，助推乡村文化振兴。新时代的乡风文明既融进了现代文明要素，又具有丰富内容和更高标准。它在强调继承弘扬农耕文明和优秀乡村文化的同时，也强调传统文化的创新和发展。这实际上是要求我们在挖掘继承优秀传统文化的基础上，尤其要注重自身思想观念的现代化，将人文精神和道德规范融入乡村建设中，让乡村文化更具有魅力和时代风采。除此之外，农民精神风貌状况和综合素质水平，也是我们发展农村经济不可缺少的要素，好的精神风貌和高水平的综合素质，能更好地服务到村旅游的游客或远方的客人，形成无形的"品牌效应"，同时，也能够提升本村各种产品的口碑，为本村产业发展创造更多更好的条件。农民本身精神风貌和综合素质水平的提高，并非一朝一夕就能完成，主要还是要依靠乡风文明建设。所以，乡风文明建设对于乡村振兴战略的实施至关重要，优良的乡风文明必然为乡村发展带来更多的机遇，也能够为实现农村高素质职业农民队伍建设奠定基础。

2.1.2.4 治理有效是乡村振兴的基本保证

从十六届五中全会的“管理民主”升级到党的十九大报告中的“治理有效”，其立意、要求以及内涵都更加深刻。所谓的乡村治理有效，是在完善的村民自治制度的基础上，建立健全乡村治理体系。乡村治理，是乡村发展不可缺少的重要内容。我国在2020年底实现了现有标准下的贫困农民全面脱贫，标志着绝对贫困问题在中国历史上的消除。这是中国在脱贫问题解决上的一大创新，也是马克思脱贫思想在中国的实践。绝对贫困问题的解决绝对不是终点，我们更加关注的是农村的持续性发展，这就要求我们在巩固脱贫攻坚成果的同时，在政策制定与实施、产业选择与发展、环境改善与治理、村民生产生活方式的营造等方面实现与乡村振兴的有效衔接。在这个过程中，如何改变传统农民“懒散、无组织纪律性、小农思想”“法制意识淡薄”的状态，村庄治理、村民治理必不可少。

治理有效，意味着政令畅通、民生和谐。在乡村振兴战略实施过程中，乡村“治理有效”的目的是通过建立和完善有效的乡村社会治理体系，能够加强和创新农村社会治理，加强基层民主和法治的建设，进而成为乡村社会安定和谐、农民幸福有序生活的制度保障。乡村“治理有效”体现为：第一，党组织、政府组织以及村民组织，作为治理主体，应当相互协同相互融合，做到党领导一切，各级政府依据原则制定政策措施，村民组织协同村民共同执行。实现上下联动，共赴目标。第二，多种治理手段联合使用，构建有效乡村治理体系。在乡村治理过程中，以自治为基础，法治为保障，德治相辅佐，实现低治理成本上乡村治理的有效性和可持续性。

2.1.2.5 生活富裕是乡村振兴的奋斗目标

2020年底，在党中央的正确领导下，我国实现了“全面建成小康社会”的第一个百年奋斗目标，人民生活水平得到了大幅度的提升，农村贫困人口全面脱贫。现阶段，我们步入了第二个百年奋斗目标，即实现全面现代化的新征程。但我国目前仍处于社会主义初级阶段，生产力水平总体偏低，而这个阶段的根本任务是解放生产力，发展生产力，最终实现共同富裕。乡村振兴战略中“生活富裕”的要求符合社会主义初级阶段的本质，与“共同富裕”的要求一致。具体表现为农民有稳定持续的收入来源，农民在经济上宽裕，在生活上便利，在衣食上无忧。这个目标的实现，要求我们在高质量发展中坚持改善民生、补齐短板以及促进社会公平正义，进而保证全体人民全面发展。具体而言，第一，要促进农民增收，拓宽农民收入渠道，提高农民的收入水平、生活质量和就业质量；第二，推动城乡义务教育一体化发展，努力让每一位农村孩子都能够享有公平且有质量的教育，提高农民的整体素质，为农村农业现代化的实现奠定基础；第三，要完善农村的养老保险制度、基本医疗保险制度、大病保险制度以及最低生活保障制度。从社会保障的角度降低农民参与社会生产的风险，促使农村参与经济活动，激发农村经济发展的内生动力，进而增强农民拿出手中“财产”参与经济活动的意识，以获取更多的财产性收入。

生活富裕是所有农村居民的共同愿望，由于长期城乡二元经济结构的影响，农村居民与城镇居民相比，收入单一、生活条件落后、所处空间基础设施简单、道路交通不便，城乡之间差距较大。上述原因导致很多农民不愿意待在农村，有大量农村剩余劳动力向城市转移，紧接着“留守儿童”“空巢老人”等社会问题不断出现，与此同时，由于农村大量劳动力的转移，农业发展遭受严重影响，很多外出农民无暇顾及耕地，导致抛荒或者农产品产量大幅下降的情况，制约了农业的整体发展。只有实现了农民的“生活富裕”，才能够吸引农民留在农村。

乡村振兴战略五个方面的要求在现代化农业农村建设中相互联系、相互促进。近年来，通过党、政府以及民众的不断努力，青海省部分农村在乡风文明、生态宜居等方面取得了巨大成效，交出了满意的答卷，例如青海省门源回族自治县，通过建章立制、丰富载体等方法，多管齐下，形成新风貌，如图 2-1 所示，而乡风文明、生态宜居与产业兴旺和农民增收有着密切的联系。生态宜居的水平不断提高，会带动农村休闲农业、观光农业的发展，进而促进第三产业的发展，进一步促进农民就业和收入增长。

图 2-1　青海省门源回族自治县农村新风貌

图片来源：《西海都市报》。

2.2　农民财产性收入相关概念解析

2.2.1　农民的定义

《辞海》中对农民的解释为“以务农为业的人民”。百度百科中则将长期从事农业生产的人定义为农民。现阶段，多数学者认为农民是指农村人口中经常参加社会劳动并获得劳动报酬的劳动者。他们有可能是直接从事农业、畜牧业等第一产业生产经营活动的农村劳动者，也可能涉及那些在乡镇企业及其他经济组织中从事各种生产的人。对此，可以从两个角度和三个方面来理解农民。其中两个角度分别是职业角度和户籍登记角度，在职业角度上农民是指直接从事农业生产活动的人，在户籍登记角度上农民是指具有农业户口的人。三个方面分别表现为，第一方面是指长期直接从事农业、畜牧业等第一产业生产经营活动的农村劳动者，他们在狭义上是农民；第二方面是指在农村，拥有农业户口和农村永久住所，并广泛参与农业和农村生产经营活动的人；第三方面，从广义上讲，它是指整个农村人口。根据国家统计局的统计标准，农民主要是指通过劳动获得劳动报酬的农村人口，农民的工作不仅局限在农业，也在畜牧业、林业和渔业等领域，自雇的农村工人、乡村企业的工人和参与农村地区各种生产活动的工人也属于农民。

结合青海东部农业区农村发展实际，本书中研究的农民仅仅局限于具有农业户口并长期居住在农村的人员，但其收入来源可以是多元的，并不局限于农业生产经营所获得的收入。

2.2.2 财产的定义

财产一词存在已久，最初被人们解释为：可被感官且属于人的具体的“物”。随着社会的发展，更多抽象的“物”，被人们归于财产的概念中。而“财产”也逐步成为经济学的相关概念。马克思从两个方面来界定财产。第一，从物的角度，马克思认为具有稀缺性和有用性的物为财产，这是古代社会的财产概念，古代社会的财产仅限于土地、牲畜以及房屋等物品。第二，从权利意义的角度，一是物上的财产权利，是指能够取得货币收益的权利都可以视为财产；二是法律上的财产权利，是指持有财产的人依据法律规定所享有的占有、使用、收益、处分的权利。马克思认为“财产最初无非意味着这样一种关系，即人把他的生产的自然条件看作是属于他的、看作是自己的、看作是与他自身的存在一起产生的前提：把它们看作是他本身的自然前提，这种前提可以说仅仅是他身体的延伸”[68]。

本书所指的财产不仅包括具有稀缺性和有用性的物，而且包括基于法律的规定而产生的财产权利。具体到农民财产，不仅包括农民拥有的“牲畜、货币、房产、工具”等有形资产，还包括对农村土地的使用权、农村集体资产的股份权能、宅基地使用权、股票等。

2.2.3 农民收入及其构成

农民收入全面反映了农民的生产经营活动，是衡量农民生活水平的重要指标。从可支配性的角度来看，农民收入主要包括总收入、纯收入和可支配收入。农民总收入是指农村家庭全年从各种渠道获得的所有实际收入。农民纯收入是指农民总收入中扣除相关支出后的收入，这是反映农村家庭有效收入水平的综合性基本指标。农民可支配收入是调查期间农民家庭最终消费和储蓄的总和。从收入来源的角度来看，农民收入主要包括家庭经营性收入，工资性收入，财产性收入和转移性收入。家庭经营性收入是指农民家庭从事生产经营活动所获得的收入。工资性收入是指调查期间农户和家庭成员被单位或个人所雇用而获得的劳动报酬。财产性收入是指农民拥有的金融资产或有形资产的增加值及无形资产转让获得的收入。转移性收入主要是指再次分配中农村家庭所获得的所有收入，包括国家给予的直接或间接的补贴等。

本书主要研究财产性收入。据调查，财产性收入是农民持续增收的短板，也是促使农民增收的新的增长点。随着农民手中“财产”数量的增加，多措并举拓宽财产性收入增长渠道是提高农民收入的新举措，也是推动城乡一体化、缩小城乡收入差距、实现乡村振兴的重要举措。

2.2.4 农民财产性收入

财产性收入：资本通过参与社会生产、生活活动等而获得的收入，也被人们称为资产性收入。关于财产性收入，它包括了家庭拥有的动产（如现金、股票、债券、银行储蓄、车辆、收藏品等）、不动产（如房屋、地皮等），还包括非实物财产（如著作权、专利权、工艺技术等）。长期以来，获得财产性收入往往是通过对不动产、动产以及非实物财产进行交易或出租等方式来获取相应的财产增值收益，如利息、租金、股息或红利、知识产权、保险等收入。

农民财产性收入：农民凭借自己所具有的财物而获得的收入。在实际生活中，农民的财产性收入的多少与农民自身的财产的多寡是相辅相成的，所以，农民自己所拥有的财物是财产性收入的根本基础。关于农民财产性收入，本文通过查阅文献，结合青海东部农业区实际，认为农民财产性收入的主要来源有：

利息收入：农村居民将现金直接存入银行等金融机构或者直接借贷给他人使用而获得的收入。

分红收入：农民将自己所拥有的财产或财产权利用于参加集体经济合作组织或农民专业合作社，该组织或合作社以分红的方式将一年中的净收入，按照一定的比例分配给组织成员而获得的收入。

股息收入：农村居民或家庭，通过购买股票、基金等金融产品而获得的收入。

租金收入：农村居民将自己房屋、生产工具、机械设备或耕地的使用权出让给他人使用而获得的收入。

转让无形资产净收入：农民转让手工艺使用权、提供民族文化产业技术等无形资产而获得的收入。

2.2.5 机制的概念

机制的原始含义是指机器的结构和工作原理。研究报告中是指整合各种因素以确保农民财产性收入能够持续稳定增长的内部原理和实现路径。青海东部农业区农民财产性收入增长保障机制是指如何在法律、制度、社会以及市场等保障下，结合青海东部农业区的实际来构建符合东部农业区的保障机制，进而确保农民财产性收入得以增加。简而言之，就是拓宽农民财产性收入的渠道，解决农民收入增长中存在的问题，确保农民收入持续稳定增长的一种经济机制。

2.3 理论基础

2.3.1 农民增收理论

1954年，美国经济学家刘易斯（William Arthur Lewis）在《劳动无限供给条件下的经济发展》一文中提出“二元经济结构”理论，他认为解决二元经济的办法取决于将剩余劳动力从传统部门转移到现代工业和其他部门[55]。传统部门的劳动力几乎是无限的，最初，劳动力市场供过于求，随着剩余劳动力从传统部门转移到现代工业部门，劳动力供给基本上实现了供需之间的平衡，出现了“刘易斯拐点”，使城乡二元经济向一元经济转变。费景汉-拉尼斯在刘易斯“二元经济结构”理论改进和完善的基础上，形成了费景汉-拉尼斯模型，该模型认为，农业增长与工业增长一样重要，应该保持农业与工业均衡地增长。而在增长过程中，会遇到马尔萨斯陷阱，为了更好地摆脱该陷阱，劳动力的吸收速度必须高于人口的自然增长率。随着农业生产率的提高，出现了农业剩余，农业劳动力从传统部门向现代工业部门转移，从而实现了农民收入的增加。

美国经济学家托达罗（M. Todaro）在《欠发达国家劳动力迁移与城市失业模型》中，提出了托达罗模型[69]。该模型与刘易斯所提出的“二元经济结构”完全相反，他在模型的分析中加入了预期收入。他认为，劳动力转移受两个变量的影响，即城市就业率和城乡之间的预期收入差距。只要城市的预期劳动收入高于农村地区，农村剩余劳动力就会继续流向城市，这将导致城市劳动力市场失衡。他提出要注重农村经济的发展，增加农村就业机会，缩小城乡差距以控制人口流动。

美国经济学家库兹涅茨（Kuznets）基于“配第-克拉克定理”理论，提出“产业结构论”。该理论将国民收入和劳动力在行业之间的分布和变化趋势作为研究对象，除此之外他还研究了产业结构演变的原因。该理论认为，随着经济的发展，农业部门的收入在国民总收入中的占比较小，并呈现出下降的趋势，而农业劳动力比重也呈现相同的变化趋势。工业部门的收入在国民总收入中所占的比例则不断上升，其劳动力比例基本保持不变或略有增加；服务业部门的收入在国民总收入中的比重保持不变或略有增加，而服务业劳动力的比例则会上升。

“二元经济结构”理论、托达罗模型和产业结构论是从外部角度来分析促进农民增收的收入理论；而舒尔茨的“人力资本”理论和罗默的“知识积累模式”则从内部角度对农民增收影响因素进行分析。

20 世纪 60 年代，美国的经济学家西奥多·W. 舒尔茨（Theodore W. Schultz）提出“人力资本”理论。他认为，人力资本所体现的是劳动者在生产知识、劳动管理技能等方面的资本，是可以用劳动者的数量和服务质量来衡量和表示的，尤其可以用劳动者的知识、工作能力和健康状况等指标来表示。该理论主要概括为两个核心点：第一，人力资本的积累可以促进社会经济的增长，一个国家或地区的人力资本积累越多，质量越高，该国家或地区的经济增长就越快。第二，使个人收入的社会分配趋于均等的因素是教育。个人可以通过教育来提高自己的知识和技能，这往往会提高劳动生产率和个人收入，并使收入的社会分配均等。这个理论也是有缺陷的，它仅分析教育对经济增长的影响，而忽略了人力资本流动的问题。

1986 年美国经济学家保罗·罗默（Paul Romer）提出了内生经济增长模型。该模型中包括资本、劳动、人力资本以及技术水平四个要素。其中用受教育时间长短来表示人力资本，这样就将知识对经济增长的影响考虑在内了。内生经济增长模型的核心是在经济体系之内，纳入独立的新要素“知识”，使其作为经济增长的内生变量。保罗·罗默认为，知识不同于资本、劳动等普通要素，是一种特殊的要素投入，在该要素投入过程中，其边际生产率是递增的，知识可以对资本投资进行刺激，而资本投资也可以促进新知识的积累，如此往复，形成良性循环。

2.3.2 制度经济理论

制度就是指在社会组织和团体中约束成员，并要求成员共同遵守的规程。制度学派凡勃伦认为，制度是“一种自然习俗”，这种习俗因为被人们广泛地接受，在生活中，已经成为一种必不可少的东西。在他之后，以科斯为代表的新制度经济学认为制度就是规则，他们把制度分为正式制度和非正式制度，而凡勃伦眼中的制度就是非正式制度。在今天看来，这种非正式制度对人的行为形成重要的约束，其作用不逊于某些正式制度。

科斯认为现实制度的内生化对经济绩效是有影响的。他将制度的边际交易成本作为分析对象，通过引入边际分析方法，来解释制度的内生化机制及其对经济绩效的影响。而该分析在经济发展中具有重要的转折性，它不但解释了制度存在的缘由，更解释了制度的变化情况和人们采用更经济的方式来组织生产和交换活动等，这为制度经济学的研究发展开辟了新领域。诺斯（North）基于科斯的研究，通过“成本-收益”分析，得出一项新的制度安排，指出只有在创新的预期净收益大于预期的成本时，才会发生影响。

制度经济学的最新发展是以诺斯和舒尔茨为代表的制度变迁理论，该理论认为，市场机制的功能扮演着重要角色，因为在影响人的行为决定、资源配置与经济绩效等诸多因素中，市场机制的功能是重要的，但是市场机制由于制度结构的不合理，存在着难以克服的“外在性”问题。因此，在考察市场行为者时，应将市场行为者的利润最大化行为作为考察对象，且必须把制度因素列入考察范围。他最终得出以下结论：“一种制度下的预期收益与预期成本的关系决定了制度创新，制度创新存在着一定的时滞性，因此由制度创新决定的制度变迁是缓慢进行的。”

制度安排是一组用来约束特定领域内的人的行为准则，是一种通过采取合作或竞争的方式来支配经济单位的安排。它是由正式制度、非正式制度以及执行机制等三种制度所组成。

正式制度是指一些成文规则，它是由人们有意识地创造出来的，且具有一定的强制性和间断性，可由国家或政府创造，同时也可以由企业或其他社会组织创造，因此它的变迁可以在短时间内完成。而非正式制度则是人们在生活和长期交往中逐渐形成的一系列具有约束性的规则，并且该制度得到了社会的认可，具有了持久的生命力。通俗来说，在社会交往中具有自发性、非强制性以及持续性等特点的价值信念、文化传统、风俗习惯等都属于非正式制度的范畴。它的变迁并不能在短时间内完成，而是长期且缓慢进行的。

从制度功能实现的角度来看，一项制度，只有规定但没有严格地被执行，那么该制度是不完整的，只有通过惩罚违规行为，使违规者的违规成本大于违规所得，进而使违规变得不划算，才能表现出制度的执行能力。当然，激励性是制度执行机制的另一个主要方面，让违规者认识到在制度执行过程中，自己虽然付出了一定的成本，但是将收益与成本进行对比时，收益还是大于成本，那么执行制度就是划算的，这会使执行制度产生正效应。

制度经济理论从制度研究的视角，为我们研究农民财产性收入增收问题、构建农民增收保障机制奠定了制度框架，也提供了一些指导和借鉴，这种将制度因素作为内生变量的分析框架对于制度体系处于完善过程中的发展中国家而言，是非常适合的。

2.3.3 财产性收入相关理论

(1) 威廉·配第的财产性收入理论

威廉·配第的财产性收入理论是以劳动价值论为基础的，他认为对社会有价值的是财富，而货币仅仅是财富中的一部分，并不能构成完整的财富。如若从性质上去认识农民财产性收入，威廉·配第认为如地租、利息等本质上就是剩余劳动体现的剩余产品，而其中的利息也只是地租的一种派生形式。威廉·配第是第一位去探讨利息问题的经济学家，他认为利息是在一定期限内对放弃货币权的补偿。但由于他在研究过程中没有区分货币与资本的关系，因此对利息的认知存在一定的局限性[77]。

（2）亚当·斯密的财产性收入理论

亚当·斯密在《国富论》中将财富直接与劳动联系起来，认为创造物质财富的唯一源泉是劳动。他认为商品的交换价值并非由商品的使用价值来决定，进而提出了三种价值决定理论，其中的由地租、工资、利润三部分决定商品价格也是后来庸俗经济学所推崇和发展的理论。从对地租的认识来说，斯密认为地租只是农业资本家为了能够有权利用土地，通过向土地所有者缴纳农产品价格超过补偿预付资本和平均利润部分的余额。“一国的土地，一旦完全成为私有财产，有土地的地主，像一切其他人一样，都想不劳而获，甚至对土地的自然生产物，也要求地租”，上述论述中，他将土地的私有与地租联系在一起，认为地租既是土地的自然报酬又是劳动剩余价值，这显然是说不通的，因此产生了斯密有关地租的双重理论。而在对利息的认识上来说，亚当·斯密与威廉·配第不同的是，前者发现了资本与货币之间的区别，认为利息是资本所有者让渡资本使用权所获得的收入。

（3）大卫·李嘉图的财产性收入理论

大卫·李嘉图在对财产性收入的认识上，认为地租是为了使用土地原有的且不可摧毁的生产力，付给地主的一部分土地产品。其实质是社会价值与个人价值之间的差额所形成的一个超额利润。在关于利润的认识上，李嘉图认为它有双重含义，一个是地租即剩余价值与全部垫付资本的比，另一个就是剩余价值本身。

（4）萨伊的财产性收入理论

萨伊开创了法国庸俗经济学，所谓法国庸俗经济学就是萨伊在斯密的效用价值论和生产三要素论的经济学学说的基础上，通过通俗化和系统化的改造形成的理论学说，而形成的理论为后来的西方经济学派的财产性收入研究奠定了基础。而《政治经济学概论》为萨伊的主要代表作。萨伊的财产性收入理论认为财产性收入是不同的财产要素为了获得相应的报酬进而使财产要素在价值创造过程中提供服务。该理论认为，为了满足人们某一特定的需求的效用，促使物品决定了它的价值，这个价值可能属于不同所有者的劳动、资本和土地，物品的价值是由物品在生产的过程中共同协作、各自发挥相应的作用而创造出来的，作为回报，拥有这三种要素的经济主体将会根据它们所提供的生产性服务，获取相对应的工资、利息和地租作为对价，由此产生了萨伊“三位一体”的财产性收入理论。通过上述论述可以发现，萨伊的财产性收入理论重点主要在于土地、劳动以及资本三要素的协同参与生产并获得相应报酬。

（5）克拉克的财产性收入理论

在萨伊开创财产性收入理论后，如何根据各要素在生产过程中的贡献进行合理分配的问题一直未被解决。1899 年，克拉克在《财富的分配》中，对萨伊的财产性收入理论进行了完善，从分配的角度，确定了分配的标准，财产性收入由边际生产力所决定的理论由此建立，与萨伊不同的是，克拉克更倾向于认为土地是资本的多种形式之一，因此他认为利息中包含地租。克拉克认为工资、利润以及利息数额大小，应该由其对应的生产要素在生产过程中做出实际贡献的大小来决定，通俗地说就是劳动、资本等要素在产品生产过程中，做出的贡献越大，获得的相应报酬就越高。这就意味着，合理分配财产性收入的关键在于准确计算要素贡献。

（6）马歇尔的财产性收入理论

马歇尔是剑桥学派的代表人物，其著作为《经济学原理》，该书中提出了价格均衡理论，他对财产性收入的论述都是价格均衡理论的拓展和实际应用。马歇尔在萨伊的基础上，将企业家才能纳入分析的框架中，即由萨伊的劳动、资本、土地三要素理论扩展为劳动、资本、土地以及企业家才能四要素理论，他认为只有劳动、资本、土地和企业家才能一起联合起来，才能产生国民收入。而与上述要素一一对应的工资、利息、地租和利润与国民收入之间的比例由各个要素的均衡价格来决定，在完全竞争市场下，工资、利息、地租和利润与对应的生产要素产生的边际收益恰好相等，也就是说国民收入（包括财产性收入）的分配问题可以归结为生产要素的均衡价格决定问题。

（7）马克思的财产性收入理论

马克思的剩余价值理论揭示了资本主义的基本经济规律，是在劳动价值理论学说基础上创立的科学理论，其核心观点为资本、土地在生产过程中并没有创造价值，而是将原来别的旧价值进行了转移，而价值的唯一来源是工人的劳动，因此马克思批判萨伊的财产性收入理论，马克思并不认为土地和资本在生产过程中能够创造出价值，认为萨伊的观点是错误的。与此同时，马克思指出萨伊的“三位一体”财产性收入理论看似合理，实则是掩盖了资本主义剥削的实质。通过阅读马克思的著作可以发现，著作中并没有明确地提出“财产性收入”这一概念，而“财产”一词却被多次提及，但讲得更多的是“财产权利关系”，其实可以将他所讲的资本增值的过程理解为财产衍生出财产性收入的过程。马克思在分析利息、地租等财产性收入时，可以将其基本观点概括为，资本、土地等非劳动要素在创造价值的过程中是不可或缺的基础条件，这些非劳动要素的所有者可以根据投入财产的多少和实际贡献的大小，取得相应的财产性收入。由此，可以发现，马克思的理论指出了财产性收入的本质来源[76]。

上述财产性收入理论从不同的角度对财产性收入进行了研究，它们都明确地指出了财产性收入的来源，这些研究为后文提供了贯穿始终的理论支撑。

2.3.4 可持续发展理论的形成与内涵

（1）可持续发展理论的形成

18世纪60年代，随着工业革命的发生，人类社会进入了高速发展时期，但高速发展背后有着一系列不良影响，而这种不良影响一直被人们所忽视，直到《寂静的春天》一书问世，书中对环境被破坏的描写唤醒了人们关于资源和环境的保护意识。因此，1972年在瑞典召开的“联合国人类环境会议”，正式讨论了可持续发展问题。同年在《增长的极限》研究报告中，从一个全新的视角启发人们认识人与自然、经济之间的问题，这份报告引起了人们对发展模式的深刻思考，从此全球掀起了保护环境的热潮。在1980年出版的《世界自然保护战略》一书中，强调人、自然与社会之间适度发展，才可以达到永续利用。到1987年，联合国世界环境与发展委员会第一次明确提出了可持续发展的概念，并以“持续发展”为基本纲领，这标志着人类有关环境与发展思想的一次重要飞跃，是一条新的发展道路。直到1994年可持续发展有了更全面的解释：“有关所有经济活动的生产和消费能长期地持续下去，包括工业、能源、农业、林业、渔业、运输、旅游和基础设施，以便无害生态地最佳利用资源和最少产生废物。”①

（2）可持续发展的内涵

可持续发展被定义为“既满足当代人的需求，又不对后代人满足其自身需求的能力构成危害的发展”，这一定义在联合国环境与发展会议上得到了各国的接受，因为它具有很强的哲理性和高度的概括性。

可持续发展是一种区别于任何社会经济发展模式的新发展观，它是人类在经过各类经济活动后深刻反思所得到的结果，对于可持续发展模

① 1994年9月13日，用时9天的联合国国际人口与发展会议闭幕。经过与会代表的讨论和交换修改意见，会议通过了1994年国际人口与发展会议开罗文件，即《行动纲领》。

式，各个国家对可持续发展模式的发展原则已普遍接受，但是由于国家之间的发展阶段、自然条件以及文化习俗等方面存在差异，导致每个国家对于可持续发展的理解和关注也是不同的，那么对它的探索程度也就有所不同。

（3）财产性收入与可持续发展的关系

财产性收入与可持续发展的关系是密切的，作为收入结构中的一部分，财产性收入的高低在一定程度上影响着居民收入的高低进而影响着居民收入的分配，居民收入分配是各社会成员经济利益分配的最终体现，社会财富如何分配，直接决定经济社会协调发展和居民心态的平和与否。但是我国在较长的时期内，居民收入的差距在不断拉大，这已经在一定程度上影响了我国的可持续发展。

2.4 研究假设

课题组在对农民增收理论分析的基础上，根据本书的研究内容，结合青海东部农业区的具体状况，提出以下研究假设：

H_1：影响农民财产性收入的影响因素包括经济、政治、文化、道德素质、风险、教育等方面。

H_2：乡村振兴背景下，“产业兴旺、生态宜居、乡风文明、治理有效、生活富裕”的五方面总要求的实行，必然会对青海东部农业区的经济、政治、文化、道德素质、风险、教育等方面产生影响，进而促进该地区农民财产性收入的增长。所以，东部农业区乡村振兴战略实施与农民财产性收入增长存在相互影响、相互制约的内在机理。

2.5 本章小结

本章是整个研究的基础理论部分，主要对乡村振兴战略的内容和内涵进行了介绍，并在此基础上通过查阅并梳理、分析有关农民财产性收入增长的理论，认为农民增收理论、制度经济理论、财产收入理论、可持续发展理论对本书所涉内容的研究具有重要的借鉴意义。通过深入分析乡村振兴战略的内容和已有的理论成果，提出了研究假设，包含农民财产性收入影响因素的假设和乡村振兴与农民财产性收入之间互动关系作用机理的假设。本书一方面是切实把握目前青海东部农业区农民财产性收入增长的阻滞因素；另一方面是在乡村振兴大背景下，为青海东部农业区农民财产性收入的增长路径找到突破口，以切实推动巩固拓展脱贫攻坚与乡村振兴的有效衔接，从而验证以上两个研究假设。

3

青海东部农业区农民财产性收入现状分析

3.1 区域概况

青海东部农业区位于青海省东部，全区总面积约 2.0881 万平方公里，占青海省总面积的 2.9%，截至 2019 年末，全区总人口约 309.78 万人，农村人口约 190.25 万人，城镇人口约 119.53 万人，分别占全区总人口的 61.41%和 38.59%。青海东部农业区，主要包括西宁市 5 区 2 县，即湟中区、城北区、城西区、城中区、城东区、大通县、湟源县；海东市 2 区 4 县，即平安区、乐都区、互助县、循化县、化隆县、民和县。

青海东部农业区包括民和回族土族自治县、循化撒拉族自治县、化隆回族自治县和互助土族自治县等少数民族自治县，是典型的少数民族聚居区域，也是全省农畜产品长效供给的重要区域。随着农业供给侧结构性改革的进一步推进，精准扶贫政策的大力推行，脱贫攻坚战的胜利，乡村振兴战略的进一步实施，该地区主要朝着发展现代农业、加强农业综合生产能力，增加高质量农产品供给、确保粮食安全，增加农民收入、加快社会主义新农村建设的方向发展。

3.2　青海东部农业区经济社会发展概况

“十三五”以来，青海东部农业区在政府系列政策的帮助和支持下，随着农业供给侧结构性改革的全面推进，精准扶贫政策的落地和推广，农业区经济得到快速发展，农村社会水平得到整体提升，基础教育设施普遍完善，人居环境明显改善，区域协调发展水平也进一步提高。

3.2.1　新型农业经营主体快速发展

新型农业经营主体相对于传统农业经营主体，在经营规模、收入水平、规模化、集约化、专业化、市场化、社会化方面程度更高，其主要类型有家庭农场、专业大户、农业企业。青海东部农业区在各项政策支持下，大力发展家庭农场、农业产业园和农民专业合作社，促进了农村土地流转和土地的规模化经营，为发展高原特色农牧业奠定了重要的基础。2016 年，青海省共有家庭农场 1970 家，主要涉及粮食、蔬菜、渔业、牲畜养殖等产业，其中西宁市和海东市的数量达到 1388 家，占青海省家庭农场的 70.46%。截至 2019 年末，青海省认定备案的家庭农场达到 4866 家，西宁市共有家庭农场 1504 家，其中大通县宝丰家庭农场被列为第一批全国家庭农场典型案例。海东市畜牧业养殖家庭农场达到 1432 家，187 家家庭农场获得“省级示范场”称号。

青海东部农业区强调示范带动作用，强化农业产业园建设，西宁市以“一区多园”模式，打造大通县国家级现代农业示范区、湟中区省级现代农业示范区和湟源县省级现代农业示范区，这些农业示范园区产业突出、规模适宜、设施配套、经营集约、建设成果显著，成为地区农业、农村经济发展新的增长极。大通县“老爷山”蔬菜产业园、湟源循环农业产业园和湟中云谷川特色种植产业园通过省级认定，逐步形成大通县设施农业集聚区、湟源县草畜联动型生态循环农业区和湟中区绿色产品带动型农业区。海东市围绕三次产业融合发展先导区建设，推荐平安区为特色农副产品综合产业融合发展规划区，乐都区引胜沟为绿色生态农业示范区，互助县为农村一、二、三产业融合发展先导区，不断发展农业新型经营主体，引领农村一、二、三产业融合发展。

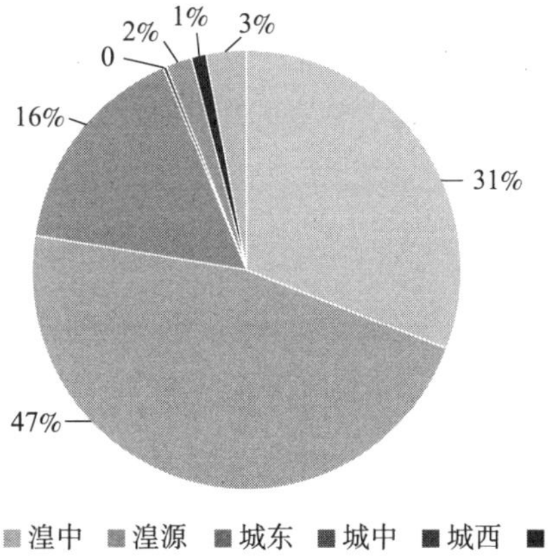

图 3-1　西宁市各县区农民专业合作社占比

截至 2021 年 9 月，西宁市注册农民专业合作社 4763 家，其地域分布如图 3-1 所示。从以上数据可以看出，西宁市多数合作社主要分布于大通县、湟中区以及湟源县。截至 2019 年底，海东市累计注册农民专业合作社 6313 家，相比西宁市多出 1550 家。农民专业合作社是农业产业化经营的重要组织形式，在推动农业产业化发展中起着非常重要的作用，也同时能够成为政府和社员之间的桥梁，一方面能够将社员（农民）的诉求传递给政府；另一方面也通过合作社的宣传和项目实施，让社员（农民）更加清楚地了解政府的政策。另外，农民专业合作社的互助性特征，在一定程度上降低了市场经营风险，能够激发农民参与农业生产经营的积极性，以此推动农业快速发展。

3.2.2 农民收入总量持续增长

“十二五”与“十三五”期间，青海东部农业区的农民收入总量总体上呈现出稳定增长的趋势。如图3-2所示，2011年青海东部农业区农民收入总量为969.68千万元，2019年为1839.92千万元，9年内上升89.75%。而从增长率变化曲线来看，我们可以将总体变化趋势划分为三个阶段：第一阶段为2011—2013年，该阶段农民收入总量增长速度较快，图形上表现为近似45度角的增长趋势。究其原因，主要是青海省在这3年内大力落实各种惠农支农政策措施，切实保障了农民的收入，并且使农民收入保持较快的增长。第二阶段为2013—2015年，从图形来看，农民收入增长率呈现急速下降趋势，这主要是因为受2008年全球经济危机的影响，实体经济下行压力增大，包括农产品在内的市场需求持续走弱，影响了农民的工资性收入和经营性收入的增加，因此从收入总量来看，呈现下降的趋势。第三阶段为2016—2019年，农民收入总量呈现稳定增长的趋势。其平均增长速度为6.63%。这是在第二阶段农民收入急速下降的前提下，政府自2015年开始实施农业供给侧结构性改革，主要是针对第二阶段市场走弱的现实，通过政策引导等方式，让农民通过自身努力，根据市场的真实需求，调整自己产品的数量和质量，实现产品生产和消费者消费的无缝对接。如：根据消费者对营养、安全、美味农产品的需求，农民需要调整自己产品的生产，通过引进先进的技术，改变产品的供给，满足消费者的需求，将农产品售出，增加农民的收入。此外，青海东部农业区按照市场需求，大力发展一些特色农产品的供给，给农民带来了持续的收入增长。从图形来看，2015年之后，青海东部农业区农民收入总体呈现增长趋势，虽然2016年之后增长率没有明显增加，但绝对数量增长较为显著。

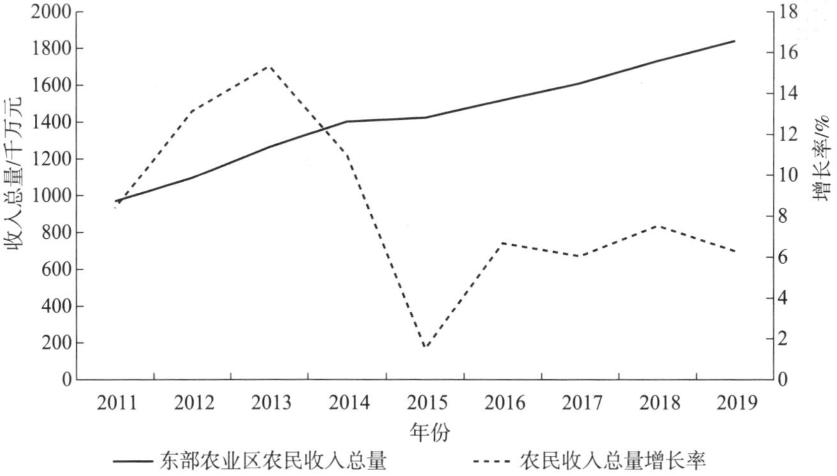

图 3-2　2011—2019 年青海东部农业区农民收入总量及增长率情况

数据来源：该部分数据通过计算所得。

3.2.3　村容村貌发生巨大改变

自 2015 年国家提出美丽乡村建设，同时随着“三权”分置等农村产权制度改革的深入实施，青海东部农业区农村的村容村貌发生了巨大变化。总体来看，农村居民人居生活环境由“脏、乱、差”逐步向“村容整洁、环境优美”的目标迈进（如图 3-3 所示）。图 3-3 是本书课题组调研时所拍，图中显示的是海东市平安区三合镇仲家村休闲广场一隅，是美丽乡村建设后的一个缩影。2015 年之前，由于该村位于山区，交通不是很便利，村民能够维持自己最基本的生存实属不易，更别说是建立一个休闲广场。但现在村民不仅有了休闲广场、健身设施，还给孩子们建立了现代化的校舍，并配备有图书室、计算机室。整个村庄人居环境发生了彻底改变，为村民生活带来了很大便利，也让村民真正体会了“富裕”的本质。

据统计，截至 2020 年 6 月底，海东市 1371 个行政村已经实施了农村环境整治项目。大多数农村出现了一片新景象，整齐的房屋、宽敞的马

图 3-3　海东市平安区三合镇仲家村整洁亮丽村民休闲广场一隅

图片来源：青海新闻网。

路、现代化的校舍、安全清新的生态环境、设施齐全的健身广场等。在项目实施过程中海东市建成乡镇垃圾填埋场 33 个，配备农村保洁员 5186 名，并在所有行政村配备垃圾收集及运转设施等。海东市大力推行垃圾“户分类、村收集、镇运转、县处理”的运行模式，使得农村生活垃圾得到有效处理，占比达到 86.4%。另外，政府科学有序地推进海东市农村生活污水治理，农村生活污水得到有效管控的行政村占比达 20.9%，主要通过修建污水处理厂、设立公示牌，落实“河（湖）长制”等措施，有效管控河流水质，有效解决农村污水乱排放问题。同时，海东市大力实施“厕所革命”，通过新建、改建 5.94 万座农村用户卫生厕所，使得海东市农村用户卫生厕所普及率达 34.5%。

西宁市不断落实农村环境整治项目，使大通县、湟源县以及湟中区三个县（区）在垃圾处理、厕所改革等方面有了较大改善。如 2020 年大通县在 13 个乡镇 23 个村中，配备了 189 个垃圾桶，147 个摆臂式垃圾斗，23 辆垃圾车，115 套保洁工具，并通过构建长效管理机制，形成“村收集、乡运输、县处理”的体系，使得垃圾处理覆盖率达到 100%，同时，大通县对 16726 座厕所的修建，使得大通县农村用户卫生厕所普及率达到

85%。截至2019年底，湟中区在李家山镇、甘河滩镇、大才乡、多巴镇、鲁沙尔镇、西堡镇6个乡镇的10个村建设农村用户卫生厕所2501座，完成率达到100%。

2020年，青海省共建设300个高原美丽乡村。而海东市和西宁市在落实农村环境整治的同时，也打造了一批省级美丽乡村，如表3-1所示，其中西宁市大通县33个，湟中区38个，湟源县12个。海东市共117个，其中乐都区24个，平安区10个，民和县23个，互助县22个，化隆县21个，循化县17个。从数量上来看，东部农业区共计200个，占全省总数的66.7%。

从以上分析中可以看出，青海东部农业区在“美丽乡村建设”及“人居环境整治行动”等政策的推动下，全面改善了农村人居生活环境，村容村貌发生了巨大改变，促进了农村的整体发展。

表3-1 2020年青海东部农业区高原美丽乡村建设村庄名单

市	县（区）	镇（乡）	村（个）	县（区）	镇（乡）	村（个）
西宁市	大通县	多林镇	1	湟中区	多巴镇	3
		桥头镇	2		田家寨镇	5
		城关镇	2		拦隆口镇	8
		黄家寨镇	7		李家山镇	4
		长宁镇	2		西堡镇	4
		景阳镇	1		共和镇	2
		新庄镇	2		甘河滩镇	6
		桦林乡	2		上五庄镇	1
		斜沟乡	1		土门关乡	1
		青林乡	1		海子沟乡	3
		逊让乡	2		上新庄镇	1
		青山乡	5	湟源县	日月乡	3
		极乐乡	1		大华镇	5
		向化乡	1		巴燕乡	2
		朔北乡	3		申中乡	2

续表

市	县（区）	镇（乡）	村（个）	县（区）	镇（乡）	村（个）	县（区）	镇（乡）	村（个）	县（区）	镇（乡）	村（个）
海东市	乐都区	高庙镇	8	民和县	巴州镇	5	互助县	金源乡	2	化隆县	塔家乡	1
		雨润镇	1		满坪镇	1		塔家乡	1		牙什尕镇	2
		蒲台乡	2		隆治乡	1		东沟乡	1		石大仓乡	1
		寿乐镇	7		古鄯镇	5		哈拉直沟乡	1		查甫乡	1
		碾伯镇	2		李二堡镇	3		台子乡	1		雄先乡	2
		城台乡	1		官亭镇	2		西山乡	2		谢家滩乡	1
		李家乡	1		西沟乡	2		林川乡	2	循化县	积石镇	1
		共和乡	1		杏儿乡	1		东山乡	1		街子镇	1
		峰堆乡	1		中川乡	2	化隆县	扎巴镇	2		白庄镇	3
	平安区	三合镇	2	互助县	扎巴镇	2		初麻乡	2		道帏乡	3
		古城乡	4		初麻乡	2		巴燕镇	4		清水乡	3
		石灰窑	3		巴燕镇	4		群科镇	1		查汗都斯乡	2
		洪水泉乡	1		群科镇	1		二塘乡	2		文都乡	2
	民和县	西沟乡	1		二塘乡	2		金源乡	2		尕楞乡	2

3.2.4 农村居民消费水平显著提高

“十三五”以来，随着农村经济的快速发展，青海东部农业区农村居民消费水平不断上升，从表 3-2 中可以看出，青海东部农业区农村居民的消费支出在 2019 年突破万元大关，比 2018 年增长 785.22 元，增长率为 8.40%；从图 3-4 中可以看出，青海东部农业区的农民消费支出与全省农民的消费支出在 2015 年差距较小，两者之间相差 599.43 元。但是，2015—2019 年青海省的农民消费支出与东部农业区农民消费支出差额呈现出上升的趋势。2019 年差额为 1210.98 元，比 2015 年增长 611.55 元。说明虽然青海东部农业区农民消费支出从绝对数量看连年提升，但与青海省总体水平相比，尚存一定差距，而且自2015年以来，该差距有连年增大的趋势。

表3-2 2015—2019年青海东部农业区农民消费支出情况

单位：元

年份	东部农业区消费支出
2015	7966.57
2016	8346.52
2017	8880.55
2018	9346.8
2019	10132.02

数据来源：《海东统计年鉴》，国家统计局西宁调查队。

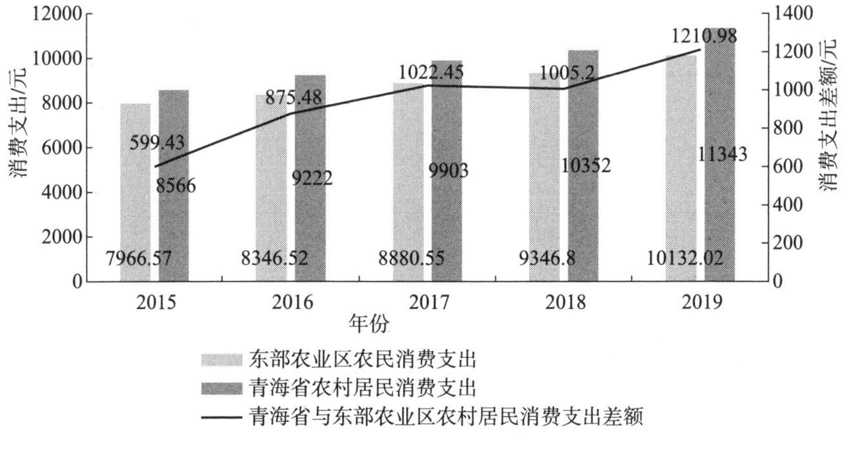

图3-4 2015—2019年青海省与东部农业区农村居民财产性收入情况

3.2.5 农业生产能力逐步提升

青海东部农业区粮食生产、农业结构、现代农业产业体系等各方面都取得了良好发展，农业结构进一步优化。从表3-3可以看出，2015—2019年青海东部农业区主要农作物播种总面积呈现出上升趋势，其粮食播种面积和药材播种面积逐年扩大，尤其是药材播种面积上升较为明显。而油料播种面积和蔬菜播种面积呈现出逐年下降的趋势，油料播种面积由2015年

133.73 万亩下降至 2019 年 128.29 万亩；蔬菜播种面积由 64.66 万亩下降至 57.37 万亩。从数据来看，下降幅度并不明显。从表 3-4 中看出，青海东部农业区主要农产品总产量逐年上涨，其中粮食产量上升趋势较为明显，由 2015 年 76.10 万吨上升至 2019 年 191.70 万吨。从这些数据变化中可以看出，青海东部农业区 2015—2019 年农作物播种主要集中于粮食和药材。2015 年供给侧结构性改革的推行，要求农民生产按照社会的实际需求，但同时又受耕地红线的限制，很多耕地恢复农业粮食种植用途，故粮食播种面积和产量有所上升。同时，东部农业区根据区域特色，减少油料及蔬菜播种面积，而增加了药材播种面积，正是迎合市场对药材的需求，尤其是药材的播种收益相对较高，能够带来农民收入的增长。

表 3-3　2015—2019 年青海东部农业区主要农作物播种面积

单位：万亩

年份	农作物播种面积	粮食播种面积	油料播种面积	蔬菜播种面积	药材播种面积
2015	491.56	267.42	133.73	64.66	2.38
2016	491.93	267.77	128.71	65.87	3.62
2017	500.27	272.56	128.76	64.94	5.57
2018	500.11	281.36	125.71	56.95	10.95
2019	508.05	280.99	128.29	57.37	14.59

资料来源：根据《青海统计年鉴》《西宁统计年鉴》《海东统计年鉴》整理而成。

表 3-4　2015—2019 年青海东部农业区主要农产品产量

单位：万吨

年份	粮食	油料	蔬菜	肉类	禽蛋	牛奶	药材
2015	76.10	19.50	137.54	—	—	—	10.25
2016	73.99	18.50	134.44	13.55	2.04	15.56	6.02
2017	108.66	19.90	152.36	18.07	2.62	21.38	1.67
2018	195.11	21.36	153.14	17.73	2.62	20.39	1.41
2019	191.70	21.94	148.70	16.77	2.40	19.76	0.87

资料来源：根据《青海统计年鉴》《西宁统计年鉴》《海东统计年鉴》整理而成。

所以，从整体数据来看，虽然部分农产品播种面积和产量有所下降，但农产品产量整体仍呈上升趋势，并且能够根据市场状况调整农产品种植结构，说明青海东部农业区农业生产能力正在逐步提升。

3.3 青海东部农业区农民收入现状

青海东部农业区农民收入总体呈现上升的趋势，根据青海东部农业区的区域分布情况，初步判断，各区域差异较大，故下面分别对西宁市和海东市农民收入情况进行分析。

3.3.1 西宁市农民收入分析

西宁市隶属中国西北地区，因位于青海省东部，被称为青藏高原的东方门户，也是古“丝绸之路”南路的必经之地。所以，也成为 21 世纪“一带一路”倡议的重要节点城市。随着“一带一路”倡议的逐步开展，西宁市整体发展也迎来了新的机遇。

3.3.1.1 总体收入水平变化

自 2000 年以来，西宁市城乡居民的收入呈现出不断增长的趋势，如图 3-5所示，2019 年西宁市居民的人均可支配收入为 28189 元，2000 年增长 6.71%，从图 3-5 中也可以看出，2000—2003 年，居民人均可支配收入低于 5000 元，到 2004 年，其收入突破 5000 元，2010 年，西宁市居民人均可支配收入突破万元大关，具体数值为 10980.76 元。从城镇居民和农村居民收入变化情况分别来看，农村居民的收入增长趋势较为平缓，而城镇居民的收入增长速度较快，2019 年，城镇居民的人均可支配收入为 34846 元，而农村居民的人均可支配收入仅为 12577 元，城镇居民的收入是农村居民收入的 2.77 倍，两者之间的收入差距较大。

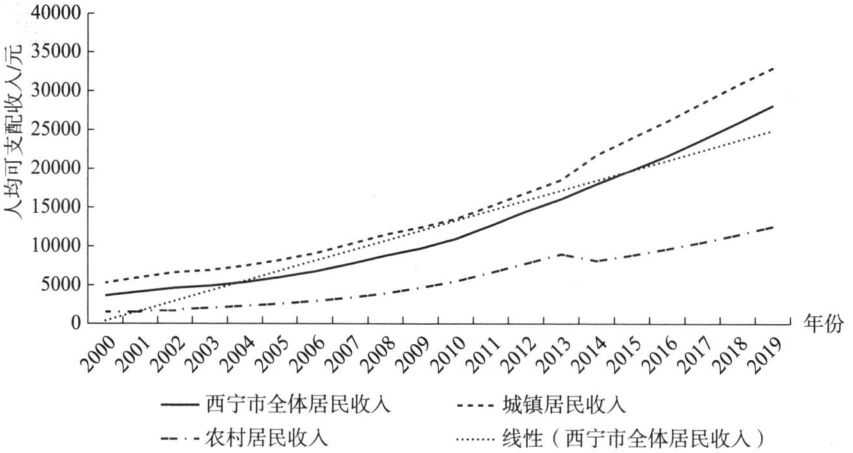

图 3-5　西宁市全体居民的收入变化情况

3.3.1.2　收入结构变化

结合表 3-5 和图 3-6 可以看出，2015—2019 年西宁市农村居民的人均可支配收入稳步增长，其中人均可支配收入中工资性收入、家庭经营性收入都呈现出增长的趋势，转移性收入的增幅较为稳定，而农民的人均财产性收入却出现了下降趋势，从 2015 年的 444.78 元下降至 2019 年的 191.03 元。

表 3-5　西宁市农民收入结构情况

单位：元

	农村居民人均可支配收入	工资性收入	经营性收入	财产性收入	转移性收入
2015	8864.9	4361.55	1732.93	444.78	2325.64
2016	9677.78	4749.42	1948.16	456.00	2524.2
2017	10548.10	5725.08	2074.61	321.11	2427.29
2018	11504.01	6928.96	2018.54	215.13	2341.39
2019	12577	7663.72	2502.71	191.03	2219.32

数据来源：《西宁市统计公报》《海东市统计公报》。

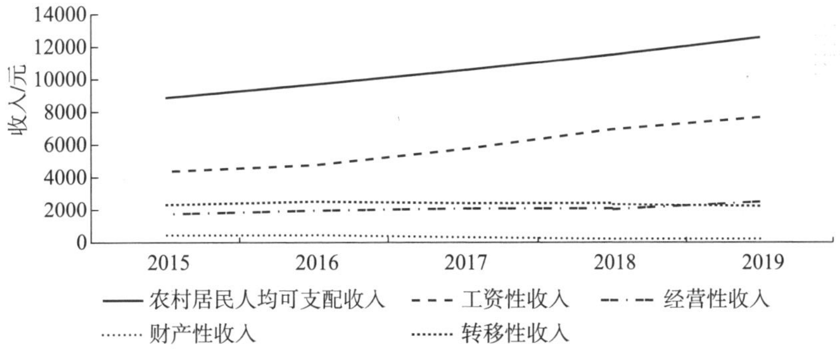

图 3-6　西宁市农民收入结构变化情况

从图 3-7 可以进一步看出，西宁市农民财产性收入在可支配收入中占比较小，仅为 2%，可见，西宁市农民收入主要来源于工资性收入和家庭经营性收入。

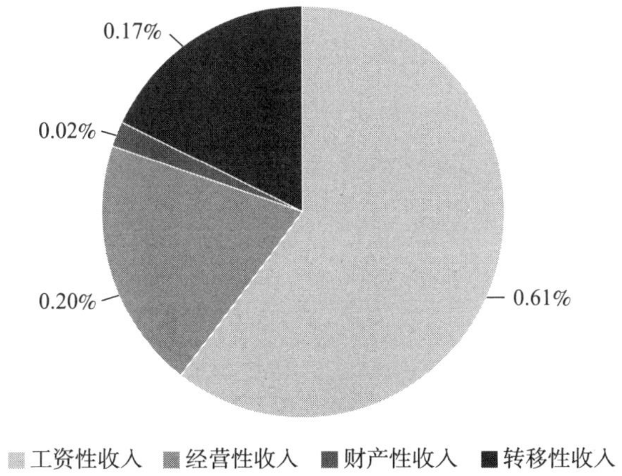

图 3-7　2019 年西宁市农民可支配收入构成情况

总的来说，西宁市农民收入整体呈现出稳步增长的趋势，但是其收入结构中农民财产性收入呈现出下降趋势，并且财产性收入在总收入中的占比过低，导致收入结构不合理。而伴随着农村改革的逐步深入，加上新型冠状病毒肺炎疫情的影响，农民工资性收入和经营性收入增长严重受限，财产性收入成为新的增长极。所以可以通过增加农民的财产性收入来调整农村居民的收入结构，使收入结构更加合理，进而保障农民整体收入的持续性增加。

3.3.2 海东市农民收入分析

海东市是青海省农业主产区，因位于青海湖以东而得名，属于半干旱大陆性气候，也是河湟文明的发源地。1978 年经国务院批准，设置海东地区，辖民和、乐都、湟中、湟源、平安、互助、化隆、循化。后经几次调整，至 2015 年 2 月 16 日，国务院批复同意设立平安区，已形成一市两区四县的行政区划格局。分别是海东市、乐都区、平安区、互助县、民和县、循化县、化隆县，总面积为 1.32 万平方公里。

3.3.2.1 收入总量变化

自“十三五”以来，海东市全体居民收入呈现稳定增加的趋势。2000 年海东市城镇居民人均可支配收入为 1487.76 元，2019 年海东市城镇居民人均可支配收入为 31962 元，首次突破 3 万元大关，收入较 2000 年增加 30474.24 元，而农村居民 2019 年的人均可支配收入为 11627 元，较 2000 年增加 10506 元，城镇居民和农村居民的收入都呈现出了上升的趋势，但是城乡居民的收入差距也在不断扩大，2000 年城乡收入差距仅为 3327.8 元，2019 年城乡收入差距为 20335 元，增长了 17007.2 元。说明虽然城乡居民的收入绝对量都出现了明显的增长，但与城镇居民收入相比，农村居民收入增长仍较慢。

3.3.2.2 收入结构变化

2015—2019 年，海东市的城乡居民可支配收入稳定增加，从表 3-7 可以看出，海东市农村居民可支配收入持续增长，2018 年突破万元大关。从表 3-6 可以看出，海东市城镇居民人均可支配收入也呈现明显的上升趋势，2019 年超过了 3 万元。从转移性收入来看，城镇居民的转移性收入有所减少，而农村居民的转移性收入呈现出逐步增加的趋势。这主要体现在精准扶贫政策的大力推行，农民政策性补贴增加等方面。从财产性收入来看，城镇居民财产性收入较为稳定，而农村居民的财产性收入呈现出逐年下降的趋势。说明农民财产性收入增长受阻，成为新时代促进农民增收的难点。从绝对数值上来看，2019 年，海东市农民人均财产性收入仅为 47 元，而城镇居民人均财产性收入为 1077 元，差距较大。

表 3-6 海东市城镇居民收入结构情况　　单位：元

年份	城镇居民人均可支配收入	工资性收入	经营性收入	财产性收入	转移性收入
2015	23373	15223.6	2036.8	1016.6	5095.8
2016	25492	17106	2006	1202	5178
2017	27738	19227.3	1919.4	1203.1	5388.0
2018	29872	21264	2684	1059	4864
2019	31962	22487	4006	1077	4393

数据来源：《海东市统计公报》。

表 3-7 海东市农村居民收入结构情况　　单位：元

年份	农村居民人均可支配收入	工资性收入	经营性收入	财产性收入	转移性收入
2015	8196	3840.5	2151.87	59.91	2143.61
2016	8944.9	4296.7	2259.9	75.7	2313.0
2017	9723.0	4654.5	2379.5	86.2	2603.2
2018	10650	5194	2571	69	2817
2019	11627	5879	2816	47	2884

数据来源：《海东市统计公报》。

表 3-8 海东市全体居民收入结构情况　　单位：元

年份	全体居民人均可支配收入	工资性收入	经营性收入	财产性收入	转移性收入
2015	12804.66	7297.22	2116.92	350.42	3040.10
2016	13996.4	8207.1	2182.3	419.6	3187.5
2017	15336.0	9194.9	2236.1	434.2	3470.8
2018	16753	10297	2607	383	3467
2019	18889	11810	3241	415	3423

数据来源：《海东市统计公报》。

从可支配收入构成来看，海东市居民家庭收入主要来源依然是工资性收入，截至 2019 年末海东市城镇居民人均工资性收入为 22487 元，比 2018 年增加 1223 元，占城镇居民人均可支配收入的 70.4%，在近几年经济发展中，经营性收入快速增长，成为拉动城镇居民人均可支配收入增长的重要因素。2019 年，城镇居民人均经营性收入为 4006 元，增速居四类收入之首，比 2018 年增加 1322 元，增长 43.3%，成为拉动居民收入增加的新生力量。而财产性收入和转移性收入则呈现出下降的趋势。2019 年，城镇居民人均财产性收入和转移性收入分别为 1077 元和 4393 元，与 2018 年同期相比分别下降 1.8%和 8.2%。从图 3-8 可以看出，农村居民的可支配收入中，工资性收入占比较高为 51%，而转移性收入和经营性收入分别占农民可支配收入的 25%和 24%，财产性收入的占比最低，为 0.4%，所以农民收入的主要来源仍为工资性收入，家庭经营性收入、转移性收入是工资性收入的重要补充。但很明显财产性收入偏低，几乎可以忽略不计。

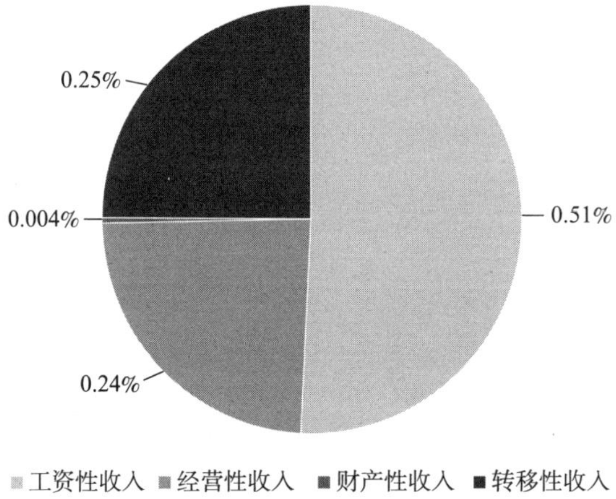

图 3-8　2019 年海东市农村居民可支配收入构成情况

通过上述分析可以发现，海东市的城乡居民收入整体呈现出上升的趋势，但是在收入增长过程中，仍存在城乡居民的收入差距较大，农民人均财产性收入占比较低等问题。

3.3.3 青海省东部农业区农民收入总体分析

自2000年以来，青海省东部农业区农民收入不断增长。2019年，青海省东部农业区农民人均可支配收入为12029元，相比2000年，上升843.71%，相比2018年，上升9.27%。

通过计算2000—2019年青海东部农业区农民收入增长率，可以发现近20年来农民收入出现波动式增长，增长幅度波动较大。根据图3-10可以把青海东部农业区农民收入增长的变化过程大致分为三个不同的阶段。

第一阶段：2000—2009年，该阶段青海东部农业区农民收入稳定增长且增长速度较快。从图3-9可以看出，青海东部农业区农民人均可支配收入从2000年的1274.71元上升至2009年的4163.54元，同比上升226.6%，增长幅度较大。这一方面是由于党和国家增强了解决“三农”问题的决心，自2004年以来，中央一号文件均聚焦“三农”问题，另一方面，青海省结合地域发展的具体情况和要求，将政府工作重心向农村转移，各项惠农利农政策大力实施，拓宽了农民增收的渠道。并且以结构调整为主线，大力发展特色种养殖业和订单农业等新兴特色产业，大力提升农民收入。

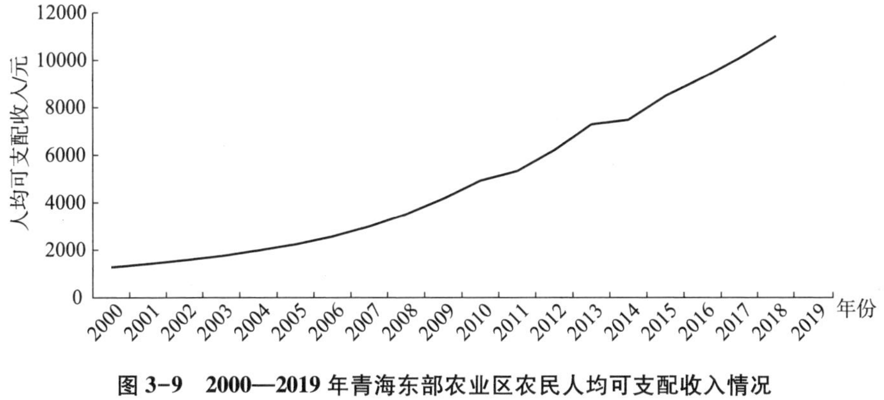

图3-9 2000—2019年青海东部农业区农民人均可支配收入情况

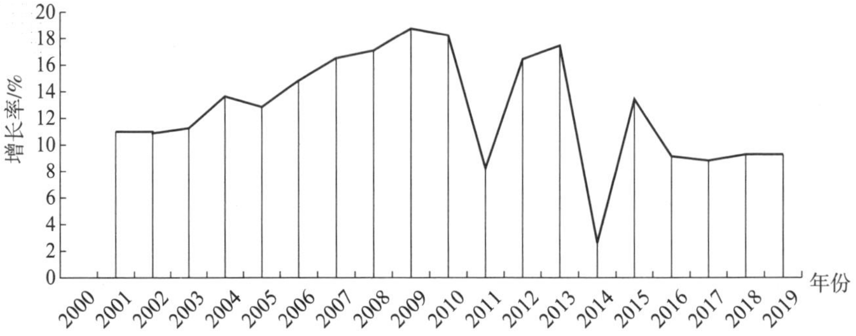

图 3-10　2000—2019 年青海东部农业区农民收入增长率

第二阶段：2010—2016 年，该阶段农民收入增长呈现波动式增长趋势，这一时期，青海东部农业区农民人均可支配收入从 2010 年的 4922.82 元增加到 2016 年的 9257.52 元，农民人均可支配收入年均增长率为 12.22%，但从图 3-10 中也可以看出各年波动较大，2014 年出现最低增长率为 2.6%。

第三阶段：2017—2019 年，该阶段农民收入呈现平稳增长趋势。这一阶段，青海东部农业区的农民收入增长较为稳定，从图 3-10 可以看出，波动较小，基本维持在 9%左右。主要是因为 2016 年 12 月 31 日发布和实施的中央一号文件《关于深入推进农业供给侧结构性改革加快培育农业农村发展新动能的若干意见》旨在以“农业供给侧结构性改革”为重点，从供给侧开始，致力于体制机制创新，从根本上解决当前最突出的农业结构性、制度性矛盾。随着经济转型和升级，农民因自身素质限制而发生结构性失业，收入增长放缓，中小私营企业经营困难，收益明显减少。

2000—2021 年青海东部农业区农民收入变化总体上呈现以下特点：

一是农民收入周期性波动增长。影响农民收入的原因错综复杂，其中市场供需变化和政府宏观调控政策是导致农民收入增长明显波段性变化的主要原因。

二是农民收入以工资性收入为主。目前，青海东部农业区农民的收入来源主要是工资性收入。但由于2020—2021年新型冠状病毒肺炎疫情影响，工资性收入增长受阻。加上农民普遍文化素质偏低，即使在城市（镇）找到工作，工资增长幅度也会受到限制，这制约了农民收入的持续增长。

三是农民增收渠道仍然不通畅。由于农民自身综合素质限制和就业服务的体系建设不完善，农村剩余劳动力转移就业仍存在流动不畅、就业岗位不对称等问题。

3.4 青海东部农业区农民财产性收入现状

财产性收入是农民增收的短板，但也是促进农民增收的新的增长点。本部分通过对省内、省外、农业区内部的农民财产性收入的情况进行对比，从而把握青海东部农业区农民财产性收入的状况。

3.4.1 青海东部农业区农民财产性收入基本情况

随着“十三五”规划的顺利完成，脱贫攻坚战的全面胜利以及乡村振兴战略的逐步实施，青海东部农业区农民收入呈现出逐年上升的趋势。而农民收入从结构上可以分为工资性收入、经营性收入、转移性收入、财产性收入四类。财产性收入是农民收入的重要组成部分，其增长会直接影响农民总体收入的增长。而增加农民财产性收入，首先要确保农民手中有“财产”，然后再通过各种方式使农民将手中的“财产”作为要素投入市场，以获取收益。实质上就是让农民能够以地生财、以房生财、以股生财。现阶段农民财产性收入的增加逐渐成为农民增收的新的推动力。但该收入在农民总收入中占比较低，增长明显受限。所以需要通过拓宽农民财产性收入的渠道，提高收入水平。本书将选取2011—2019年相关数据对青海东部农业区农民财产性收入现状进行分析。

从表3-9和图3-11可以看出，青海东部农业区农民人均财产性收入占农民人均纯收入的比例远远低于其他收入。从图3-11中可以明显看出工资性收入是青海东部农业区农民增收的主要推动力，截至2019年末达到6537.10元，整体上呈逐年增加的趋势；家庭经营性收入是农民增收的重要支撑，虽然整体上依旧呈现出上升的趋势，但是其比重呈现出逐年下降的趋势，2011—2019年，其比重减少了14.51个百分点；转移性收入是农民收入新的来源，在农民可支配收入中所占比重从2011年的11.37%上升至2019年的22.03%，这与“十三五”期间，政府大力实施精准扶贫的政策有关；财产性收入变化趋势和其他收入却相反，从2014年的321.99元减少至2019年的100.09元，而且其占纯收入的比重较小，2011—2019年财产性收入的最高比重仅为4.11%，最低为0.84%。说明财产性收入增长滞后是制约青海东部农业区农民总体收入水平的重要因素。所以有必要对该区域财产性收入状况进行深入分析，以期找出影响财产性收入增长的因素，进而构建能使农民财产性收入持续增长的保障机制。

表3-9　2011—2019年青海东部农业区农民人均可支配收入构成情况 单位：元

年份	人均可支配收入	工资性收入	比重（%）	家庭经营性收入	比重（%）	财产性收入	比重（%）	转移性收入	比重（%）
2011	5429.99	2604.94	47.97	2012.39	37.06	193.54	3.56	617.40	11.37
2012	6406.26	3304.77	51.59	2082.23	32.50	204.02	3.18	815.18	12.72
2013	7266.57	3918.31	53.92	2197.03	30.23	298.95	4.11	852.37	11.73
2014	7980.51	4391.36	55.03	2333.73	29.24	321.99	4.03	933.45	11.70
2015	8443.41	4033.24	47.77	1980.53	23.46	202.27	2.40	2210.94	26.19
2016	9216.48	4468.90	48.49	2123.56	23.04	227.54	2.47	2396.68	26.00

续表

年份	人均可支配收入	工资性收入	比重（%）	家庭经营性收入	比重（%）	财产性收入	比重（%）	转移性收入	比重（%）
2017	10028. 55	5051. 01	50. 37	2266. 57	22. 60	173. 20	1. 73	2538. 04	25. 31
2018	10964. 26	5832. 43	53. 19	2367. 71	21. 59	122. 77	1. 12	2641. 98	24. 10
2019	11977. 25	6537. 10	54. 58	2700. 60	22. 55	100. 09	0. 84	2638. 82	22. 03

数据来源：《海东统计年鉴（2020）》。

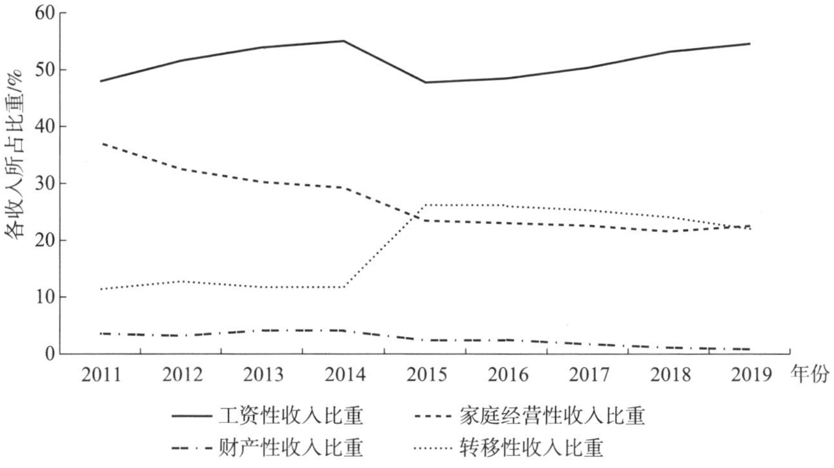

图 3-11　2011—2019 年青海东部农业区农民人均可支配收入构成情况

3.4.2　财产性收入省际对比分析

从上述的分析中可以看出，近年来，青海东部农业区农民的财产性收入并没有得到较快的增长，反之呈现出了下降的趋势，这使得农民财产性收入的绝对值与经济发达的省份相比有了更大的差距。在不同的省份与区域之间，农民财产性收入水平和在总收入中的占比极为不平衡，在经济发达地区，农民借助较高的经济、科技水平以及优越的地理位置可获得较多的财产性收入，而在经济欠发达地区，由于限制因素较多，农民的财产性收入增长受到诸多限制。

3.4.2.1 与经济发达省份（直辖市）比较

从表3-10中2019年农民财产性收入在总收入中的占比来看，北京、上海等经济发达省份（直辖市）的农民财产性收入在可支配收入中的占比远远高于青海东部农业区。其中，北京市最高，为7.30%，天津市为4.17%，上海市为3.90%，江苏、广东省也在3%左右。而青海东部农业区仅有0.84%。通过对比分析发现，出现这种情况的原因有：①随着城市化进程的加快，越来越多的农村人口流向城市，引发城市郊区出租房屋的大量需求，促使经济越发达地区，尤其是郊区农民出租房屋现象越普遍，租金也越来越高。这样会大大增加经济发达省市农民的财产性收入。②经济发达省份及地区的农民，由于其资金、地理位置、意识等特殊性，能够更早地享受国家对农村改革的红利。③经济发达省市农民的思想意识较高，理财理念较落后地区农村居民更强，所以将财产作为要素用于投资，来获取收益的积极性更高，同时，由于经济发达地区投资机会较多，农民以此获取收入的可能性更大。

表3-10 2019年青海省东部农业区与经济发达省份（直辖市）农民财产性收入情况

省份（直辖市）	北京	天津	上海	江苏	广东	青海省东部农业区
人均可支配收入（元）	28928.4	24804.1	33195.2	22675.4	18818.4	11977.25
人均财产性收入（元）	2127.4	1033.8	1295.4	825	541	100.09
占可支配收入比重（%）	7.30	4.17	3.90	3.63	2.87	0.84
同比增速（%）	13.35	12.17	29.12	7.49	20.51	-11.45

数据来源：《中国统计年鉴》《西宁统计年鉴》《海东统计年鉴》。

从农民财产性收入增速来看，青海东部农业区与经济发达省份（直辖市）之间也存在较大的差距。2019年农民财产性收入增速最快的为上海市，具体为29.12%，高于青海东部农业区40.57个百分点。从收入绝对值来看，北京市农民人均财产性收入达到2127.4元，位居第一，是青海东部农业区的21.25倍，占可支配收入的比重为7.3%；而位居第五的广东省农民人均财产性收入为541元，是青海东部农业区的5.41倍，占可支配收入的比重为2.87%。这些数据足以说明青海东部农业区的农民财产性收入处于一个较低的水平。

3.4.2.2 与西部主要省份（区域）比较

与西部主要省份（区域）比较主要是考虑到这些地区与青海东部农业区在地理区位、经济发展基础、多民族性、居民素质等方面都具有共性，通过比较，可以准确评价青海东部农业区的具体情况。

由表3-11可知，2019年青海东部农业区农民人均财产性收入为100.09元。在西部12个省份中，内蒙古自治区农民人均财产性收入绝对额为522.9元，居于首位，高出西部12省份中排名最低的贵州省401.9元；高出青海省农民财产性收入113元，可见青海省农民财产性收入与其他省市相比还有一定差距。东部农业区是青海省农业主产区，农村人口占全省总人口的62.83%，但其农民财产性收入总数仅占青海省农民财产性收入总数的24.4%。从增速来看，青海省和青海省东部农业区的位次都较低，且呈现出负增长，而贵州省的农民财产性收入虽比青海省东部农业区仅高20.91元，但是其增速分别高于青海省和青海省东部农业区7.37个百分点和7.33个百分点。从表3-12和图3-12中也可以看出，2015—2019年，在西部12省份中大多数省份都呈现出了上升的趋势，而青海、甘肃、贵州则在2018—2019年呈现出下降的趋势。

表3-11 2019年青海东部农业区与西部12省份（区域）农民人均财产性收入和增速情况

单位：元

省份（区域）	人均财产性收入（元）	位次	增速（%）	位次
西藏	436.5	3	2.18	9
新疆	259.8	8	10.51	3
甘肃	129.5	11	-38.77	13
陕西	214.4	9	9.05	5

续表

省份（区域）	人均财产性收入（元）	位次	增速（%）	位次
宁夏	388.1	5	6.97	6
内蒙古	522.9	1	0.48	8
四川	456.5	2	20.29	2
重庆	367.4	6	9.73	4
云南	188.5	10	0.69	7
贵州	121	12	-4.12	10
广西	340.3	7	40.97	1
青海	409.9	4	-11.49	12
青海东部农业区	100.09	13	-11.45	11

数据来源：《中国统计年鉴》《西宁统计年鉴》《海东统计年鉴》。

表 3-12　2015—2019 年青海东部农业区与全国及西部 12 省份（区域）农民人均财产性收入情况

单位：元

省份（区域）	人均财产性收入				
	2019	2018	2017	2016	2015
全国	377.3	342.1	303	272.1	251.5
西藏	436.5	379.5	322.5	268.5	223.6
新疆	259.8	235.1	232.9	222.8	209.5
甘肃	129.5	211.5	142.3	128.4	128
陕西	214.4	196.6	185.1	159	152.4
宁夏	388.1	362.8	323.8	291.8	189.9
内蒙古	522.9	520.4	514.8	452.6	425.3
四川	456.5	379.5	322.5	268.5	223.6
重庆	367.4	334.8	308	295.8	278.1
云南	188.5	187.2	176.5	152.2	147.9
贵州	121	126.2	92	67.1	83.7
广西	340.3	241.4	185.1	149.2	116
青海	409.9	463.1	326.4	325.2	325.7
青海东部农业区	100.09	122.77	173.20	227.54	202.27

数据来源：《中国统计年鉴》《西宁统计年鉴》《海东统计年鉴》。

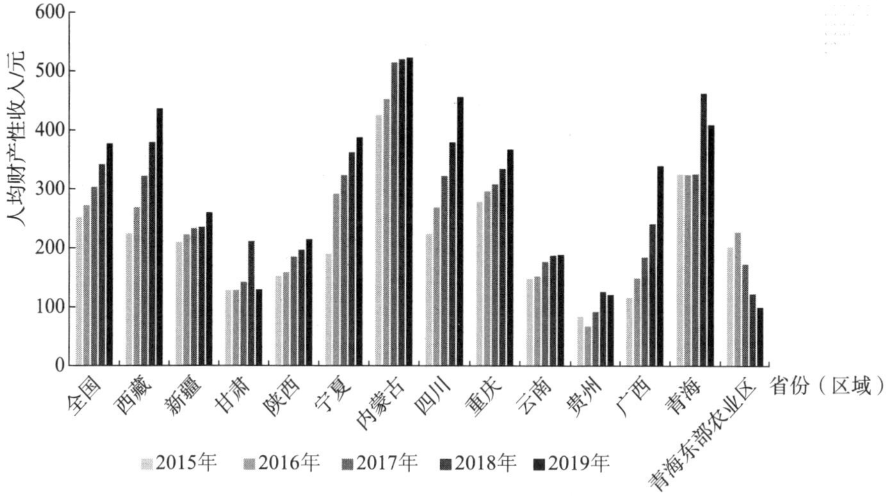

图 3-12　2015—2019 年全国与西部 12 省份（区域）农民人均财产性收入情况

3.4.3　财产性收入省内对比分析

青海省位于中国西北内陆，属于四大地理区划的青藏地区。地势西高东低，地形复杂，地貌多样。总面积 72.23 万平方公里，辖 2 个地级市，6 个自治州，是典型的少数民族区域。

3.4.3.1　东部农业区农民人均财产性收入与全省的对比分析

从图 3-13 中可以看出，2011—2019 年，青海东部农业区农民人均财产性收入的增速对比青海省农民人均财产性收入增速，较为平缓，而青海省农民人均财产性收入增速的波动幅度较大，同时也可以看出，东部农业区农民人均财产性收入的增长速度较大程度地影响着青海省农民人均财产性收入的增长。从表 3-13 可以明显看出，2011—2014 年，青海东部农业区的农民人均财产性收入一直高于青海省农民人均财产性收入且呈现出上升的趋势，2015—2019 年，青海省农民人均财产性收入高于东部农业区的农民人均财产性收入。而在此期间东部农业区农民人均财产性收入呈现出下降的趋势，在 2019 年降至最低，仅为 100.09 元。说明青海东部农业区农民财产性收入增长存在一定的问题，一定程度上制约着青海省整体水平的提升。

表 3-13　2011—2019 年青海省和青海东部农业区农民人均财产性收入和增速情况

年份	青海省		青海东部农业区	
	人均财产性收入（元）	增速（%）	人均财产性收入（元）	增速（%）
2011	77	24.19	193.54	-41.50
2012	75	-2.59	204.02	5.40
2013	133	77.33	298.95	46.52
2014	288	116.54	321.99	7.71
2015	326	13.19	202.27	-37.07
2016	325	-0.31	227.54	12.49
2017	326	0.31	173.20	-23.88
2018	463	42.02	122.77	-29.11
2019	410	-11.45	100.09	-18.47

数据来源：《青海统计年鉴》《海东统计年鉴》《西宁统计年鉴》以及计算所得。

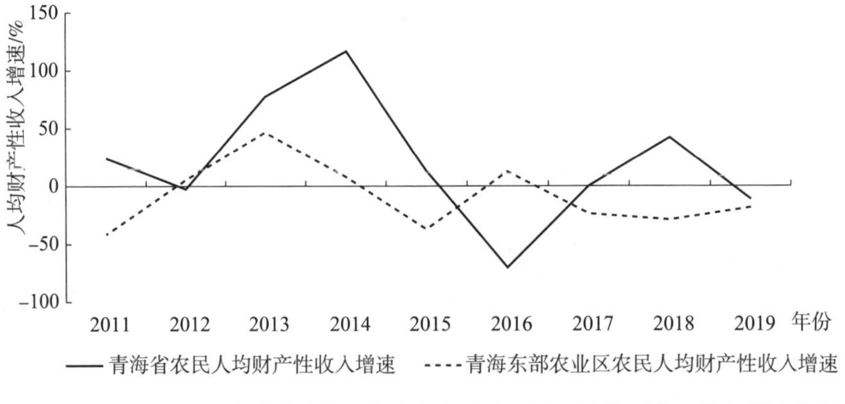

图 3-13　2011—2019 年青海省与青海省东部农业区农民人均财产性收入增速情况

3.4.3.2　东部农业区城乡居民人均财产性收入对比分析

“十二五”以来，青海东部农业区城镇居民与农村居民的人均可支配收入呈现上升趋势、而人均财产性收入则都经历了先增后减的趋势，呈现出倒“U”型走势。

如表 3-14 所示，截至 2019 年末，青海省城镇居民的人均可支配收入为 34095.43 元，农村居民的人均可支配收入为 11977.25 元，城镇居民人均可支配收入比农村居民人均可支配收入高出 22118.18 元，是农村居民人均可支配收入的 2.85 倍；城镇居民的人均财产性收入为 1960.26 元，农村居民的人均财产性收入为 100.09 元，城镇居民是农村居民的 19.58 倍。从 9 年的总体数据来看，2011—2013 年农村居民人均财产性收入高于城镇居民人均财产性收入，在 2014 年，城镇居民人均财产性收入实现破千元大关，而农村居民人均财产性收入则达到 9 年中的最高值。2014 年之后，城镇居民的人均财产性收入则一直高于农村居民人均财产性收入且收入差距逐年增大。说明，相比城镇，农村居民人均财产性收入增长缓慢，而且与城镇居民人均财产性收入差距越来越大，这在一定程度上折射出农民财产性收入政策及实施还存在一定问题，需要我们深入挖掘影响青海东部农业区农民人均财产性收入的因素，以期找到提升对策。

表 3-14　2019 年青海东部农业区城乡居民收入情况

单位：元

年份	城镇居民		农村居民	
	人均可支配收入	人均财产性收入	人均可支配收入	人均财产性收入
2011	15677.93	106.74	5429.99	193.54
2012	17518.83	104.45	6406.26	204.02
2013	19295.36	293.21	7266.57	298.95
2014	21110.38	1723.73	7980.51	321.99
2015	24791.71	2042.29	8443.41	202.27
2016	27043.71	2188.39	9216.48	227.54
2017	29471.40	2208.68	10028.55	173.20
2018	31843.43	1945.37	10964.26	122.77
2019	34095.43	1960.26	11977.25	100.09

数据来源：《海东统计年鉴（2020）》《西市统计年鉴（2020）》《海东市统计公报（2020）》《西宁市统计公报（2020）》以及计算所得。

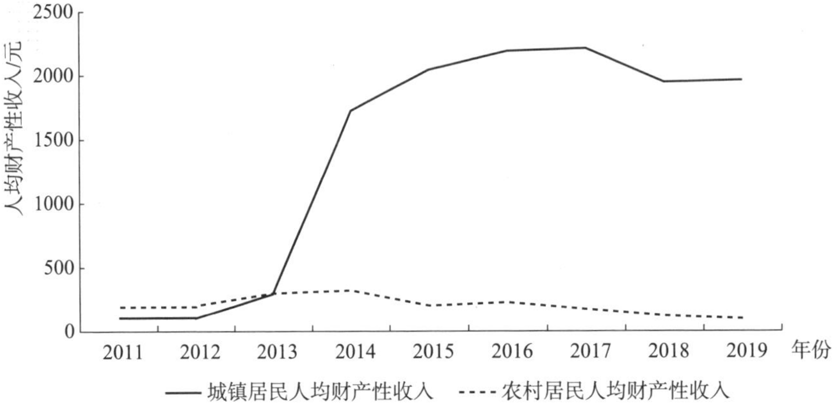

图 3-14　2011—2019 年东部农业区城镇居民与农村居民人均财产性收入情况

3.4.3.3　东部农业区各区域农民人均财产性收入对比分析

截至 2019 年末，大通县农民人均财产性收入最高，为 285.23 元，化隆县农民人均财产性收入最低，几乎接近零，民和县也仅达到 27.04 元。大通县农民人均财产性收入约为民和县农民人均财产性收入的 10 倍，如表 3-15所示。

2016—2019 年，从农民人均财产性收入来看，大通县的农民人均财产性收入一直高于 200 元，最高为 290.90 元，最低为 243.45 元，而化隆县的农民人均财产性收入一直处于较低的水平，其中最高仅为 4.30 元，通过对表 3-15 中的数据进行分析，可以得出：第一，青海东部农业区 9 个区县的人均财产性收入差距较大。第二，乐都区、大通县和互助县三个地区的增长率为正数，其中互助县的年均增长率最高，为 4.96%，而其余 6 个区县都为负增长。第三，所分析的青海东部农业区 9 个区县的农民人均财产性收入在经济发展过程中，其变化并不稳定，波动幅度较大。

表 3-15 2016—2019 年各区县农民人均财产性收入情况 单位：元

地区	2016 年	2017 年	2018 年	2019 年	年均增长率/%
乐都区	60. 45	63. 42	71. 61	129. 09	0. 33
平安区	222. 07	187. 37	248. 47	102. 33	-0. 14
民和县	95. 16	164. 15	41. 28	27. 04	-0. 12
互助县	47. 17	1. 86	31. 05	35. 47	4. 96
化隆县	4. 30	1. 85	-1. 47	0	-1. 12
循化县	170. 51	243. 41	260. 15	45. 49	-0. 11
大通县	243. 45	290. 90	274. 42	285. 23	0. 06
湟中区	572. 26	273. 91	66. 40	66. 60	-0. 43
湟源县	472. 13	285. 03	234. 44	175. 80	-0. 22

数据来源：西宁市调查队、海东市调查队。

3. 4. 4 农民财产性收入构成情况分析

根据第 2. 2. 2 节中对财产的界定，农民财产性收入主要由利息净收入、红利收入、储蓄性保险净收益、转让承包土地经营权租金净收入、出租房屋净收入、出租机械专利版权等资产的收入、房屋虚拟租金以及其他财产净收入等构成。课题组对东部农业区 2016—2019 年上述 8 个方面的相关数据进行整理发现，西宁市对农民财产性收入的构成数据没有进行分项统计，因此在以下分析中只以海东市为例对青海东部农业区农民财产性收入构成情况进行分析。

从 2019 年的数据来看，转让承包土地经营权租金净收入为 35. 69 元，占财产性收入的比重为 36%；其次为红利收入，人均仅为 15. 91 元，占财产性收入的比重为 16%。利息净收入数量在 2017—2019 年均呈现出负值，房屋虚拟租金收入四年中一直没有数值，而其余收入数量都较低（见表 3-16）。可以看出，海东市农民财产性收入主要来源于转让承包土地经营权租金净收入和红利收入。这与 2015 年之后农村集体资产股份权能改革、土地确权到户等改革有关。充分说明了农村相关改革的深入，为农民财产性收入增长带来了机遇，也让农民真正意识到，土地承包经营权是农民手中实实在在的“财产”，农民可以按自己的意愿和要求转让土地承包经营权并获得相关收益。

表 3-16　2016—2019 年青海东部农业区农民财产性收入各项情况及 2019 年占比

单元：元

项目	2016	2017	2018	2019	
	收入数量	收入数量	收入数量	收入数量	占比（%）
财产性收入	75.65	86.20	71.91	47.48	100
其中：					
（一）利息净收入	0.56	-1.49	-21.19	-23.54	
（二）红利收入	11.50	4.63	15.88	15.91	16
（三）储蓄性保险净收益	0.75	0.00	0.00	4.16	4.1
（四）转让承包土地经营权租金净收入	51.74	55.27	56.28	35.69	36
（五）出租房屋净收入	4.62	12.30	3.37	0.70	0.7
（六）出租机械专利版权等资产的收入	1.12	6.06	0.16	2.35	2.4
（七）其他财产净收入	5.36	9.44	17.45	12.21	12.2
（八）房屋虚拟租金收入	0.00	0.00	0.00	0.00	

3.5　基于土地制度改革的农民财产性收入变化分析

在农业供给侧结构性改革实施的背景下，随着农村集体资产股份权能改革的完成，村集体经济组织将农村集体资产量化为不同的等量股份，并按照成员权利分配给农民，使农民有了可以分取集体资产红利的财产权益；随着农村土地确权到户和宅基地登记到户工作的完成，明确了农民对土地、宅基地的财产权利，他们可以按照实际需求，将土地以入股、出租等多种方式转让给他人或公司（宅基地目前只能在村集体成员之间转让），以获取相应的分红收益和租金收益。这在一定程度上能够大幅度提高农民的财产性收入水平，但从2018—2019年的具体数据来看，实际上又出现了小幅度的差距增大趋势。通过深入分析原始数据，发现由于西宁市城北区和湟中区农民人均财产性收入有了大幅度的变动，导致各区域差距变大，结合这两个区域经济发展实际状况和政策的推行，发现出现这种状况可能与这两个区域地理位置以及政策推动有很大的关系。湟中区是国家集体资产股份权能改革的试点县，其从2015年开始实施改革，效果显著，相比其他区域发展较快。西宁市城北区2019年大力开展城区建设，发展房地产业，农民土地征收规模大幅度增加，因为土地征收带来的财产收益增加，导致财产性收入快速增长。这说明青海东部农业区财产性收入差距的变化趋势和各区域土地制度改革情况具有密切的关系。

3.5.1 海东市2区4县土地制度改革情况

2015年以来，海东市为加快推进集体产权制度改革，首先着力构建“归属清晰、权能完整、流转顺畅、保护严格”的农村集体产权制度，不断激活农村集体资产、资源，将集体资产量化为股份分配给集体成员，以此增加农民财产性收入。

第一，积极推动资产核查、量化及集体成员身份确定。截至2020年3月18日，海东市已完成股份制改革的村庄有430个，其中394个已挂牌成立股份经济合作社（表3-17）。

表3-17 海东市集体经济组织及集体资产量化情况

地区	行政村个数	挂牌数	完成率（%）	量化资产（万元）
互助县	294	294	100	17677.53
平安区	111	61	55	41078.54
民和县	312	36	11.54	2571.99

续表

地区	行政村个数	挂牌数	完成率（%）	量化资产（万元）
乐都区	354	1	0. 28	2522. 35
化隆县	362	1	0. 27	—
循化县	154	1	0. 65	—

海东市共清查账面资产总额 80927. 44 万元，核实资产总额 254307. 24 万元（经营性资产总额 51317. 22 万元），核实种植土地总面积 1520. 32 万亩，完成成员身份界定 368328 户，共计 1473975 人（表 3-18）。通过资产核查、村集体成员身份界定，海东市依据成员身份将集体资产量化为等额股份，并发放股权证，将股份分配给村民。村民自此对村集体资产享有了真实的权利，可以依据所拥有的股份分享集体资产的收益。农民不仅可以获得收益，而且真正成为集体资产的主人，也能够在一定程度上激发村民经营和保护集体资产的动力。

表 3-18　海东市集体资产核查和成员身份确定情况

地区	清查账面资产总额（万元）	核实资产总额（万元）	核实集体土地总面积（万亩）	完成成员身份确定	
				户	人
乐都区	14354. 8	59852. 95	356. 07	66627	231363
平安区	13470. 07	57825	101. 47	24685	89054
民和县	888. 42	34224. 46	298. 67	87255	384116
互助县	52214. 15	55090. 54	242. 81	92735	361961
化隆县	—	23010. 47	400. 47	61870	262751
循化县	—	24303. 82	120. 83	35156	144730
合计	80927. 44	254307. 24	1520. 32	368328	1473975

第二，海东市稳步推进土地承包经营权登记。2014 年，青海省委、省政府将互助县、民和县确定为全省推进农村土地承包经营权确权登记颁证试点县；2015 年，将乐都区确定为试点县（区）。2016 年底，开展试点的

3个县（区）基本完成了土地承包经营权的登记工作。海东市在总结互助县、民和县、乐都区三个试点经验的基础上，安排平安区、化隆县、循化县全面开展土地确权登记。截至2017年底，共40个乡镇14.6万户农户已完成合同签订，其完成确权面积达到182.75万亩；16个乡镇220个村4.1万户农户已经完成数据入库；9个乡镇131个村完成办证，稳步推进海东市农村土地确权登记颁证工作，进而为推进农村集体产权制度的实施奠定了坚实的基础。

土地承包经营权实名登记，并发放土地使用权证，切实保障了农民土地经营权的“财产性权利”性质。也就是说，通过这种方式赋予农民对土地享有占有、使用、收益、处分的权利。如可以将土地使用权入股、出租、转让等并获取相应收益。此举不仅为外出打工的农民解决了耕种土地的后顾之忧，还能保障一定的收益；此外，也避免了土地资源的浪费，防止抛荒、弃耕等现象的出现。

第三，推动农村土地流转制度。海东市通过深化改革，推动农村土地流转工作。2016年，海东市54.5万亩土地流转，其流转出承包耕地的农户达到10.65万户，较2015年底增加6086户。真正将土地变成了“活资产”，一方面增加了农民的财产性收入，另一方面将土地集中起来，促进了农村土地规模化经营。土地流转是在确认农民土地承包经营权的基础上，促使土地有效使用的一种方式。在城镇化进程不断加快的现实条件下，城市对农村简单劳动力产生了大量需求，而由于耕种土地受自然条件限制，加上子女上学、生病就医、生活压力的影响，促使很多农民在农闲时间外出打工，甚至彻底放弃农业生产到城市打工。这种农村劳动力的转移，虽然在一定程度上解决了城市发展对劳动力的需求问题，但也给农民带来了巨大的变化。城市的生活条件、教育条件、生态环境的优越性，使得很多农民不再愿意回到农村，在城市打工的他们对农村的土地无暇顾及，甚至出现抛荒、弃耕的现象，因而造成了土地资源的浪费。土地流转制度的健全，为这些不愿意或暂时无法耕种土地的农民提供了转让土地使用权的依据，他们可以将土地使用权流转给其他村民、农业企业、专业合作社等，这样不仅可以获取收益，还能保障土地资源得到有效利用。农村土地流转不仅提高了土地资源的利用效率，加快了农业现代化进程，而且促进了城乡要素市场的再次分配，推动了农村劳动力转移和农民收入的增加。

第四，海东市农村宅基地（含住房）及集体建设用地确权登记工作稳步推进，海东市所辖平安区、乐都区、民和县、互助县、化隆县以及循化县共有 94 个乡镇 1529 个行政村，其农村宅基地（含住房）约为 328273 宗，面积约为 11794. 36 公顷；农村集体建设用地约为 6239 宗，其面积约为 2012. 41 公顷。目前已基本上完成了农村宅基地（含住房）及集体建设用地确权工作。截至 2019 年 5 月 21 日，共发放房地一体不动产权证 3921 个，面积 132. 06 公顷。发放集体建设用地不动产权证 6 个，面积 0. 16 公顷。农村之前对宅基地只有宅基地使用权证，而对于宅基地上建造的房屋并无不动产权证。随着农村改革的逐步推进，宅基地入市交易会成为未来农村房地产市场发展的主要方向。给农民宅基地确权并登记发放不动产证，也是推进城乡一体化的重要举措。不动产权证的发放意味着农民对自己建造的房屋拥有交易的权利，但由于农村土地的集体所有制性质，目前只允许在本村成员内部交易。同时农民可以将自己建造的房屋出租获取租金收益，这也是农民财产性收入的重要内容。

第五，积极探索新型集体经济发展模式。海东市将威远镇卓扎滩、东和乡麻吉、五十镇班彦三个村作为股份合作制改革的试点，探索出了三种新型集体经济发展模式，其中包括：产权制度改革与产业发展同步型、产业发展倒推产权制度改革型和产权制度改革推动产业发展型。这三种发展模式一方面实现了集体经济“破零”和发展壮大，另一方面使资源变资产、资金变股金、农民变股民，进而增加了农民的财产性收入。与此同时，民和县古鄯镇山庄村将股权量化到成员中，按期分红，大力探索农村集体经济实现形式，促进农村集体经济迅速发展，促进农民增收。

随着农村“三权”分置改革的顺利完成，农村集体资产对于农民而言成了获取收益的重要方式。农村集体资产经营得越好，因经营而获取的收益越多，那么农民依据股份而能够获取的分红也就越多。所以，探索农村集体经济发展模式是提升农民财产性收入的重要方式。目前学界已经存在的农村集体经济实现形式有土地股份合作社、社区股份合作社、企业化合作和农业专业合作社。这些实现形式各有优势，我们应根据各区域资源优势，选择发展不同的集体经济实现形式。如可以利用未承包到户的集体“四荒”地、果园、养殖水面等资源，集中开发或通过公开招投标等方式发展现代农业项目；也可以利用生态环境和历史文化等资源发展休闲农业和乡村旅游等，多数情况下需要和社会资本合作；同时在符合规划的前提下，探索利用闲置的各类房产设施、集体建设用地等，以自主开发、合资合作等方式发展租赁物业；最后鼓励整合利用集体积累资金、政府帮扶资金等，通过入股或者参股农业产业化龙头企业等方式增加集体经济收入。通过积极探索农民集体经济的实现形式，切实保障农民财产性收入的增加。

第六，探索集体资产收益的保障机制。海东市将农村民主管理机制向经常化、规范化、制度化的方向发展，进而提高村财务透明度、明确村干部经济责任、促进廉洁自律，加大基层廉政建设的力度；做到真正地将农村流失资产还给了集体，并维护好集体经济组织和农民财产权益。保障机制的构建与否关系着一系列改革举措是否能够有效实施，也关系着一系列产权改革的效果是否能够发挥出来，也是农民财产性收入增长的保障。

3.5.2 西宁市1区2县土地制度改革情况

3.5.2.1 湟源县土地制度改革情况

2015年，根据省委、省政府的推动，西宁市也加快推进农村土地制度改革，西宁市湟源县被列为第一批集体资产股份权能改革试点县。湟源县自2015年被确定为全国农村宅基地制度改革试点县以来，以农村土地“征收—探索—规范—完善”、集体经营性建设用地入市“五个探索”、宅基地制度改革“两探索、两完善”为试点内容在全县9个乡镇146个行政村中全面展开。首先，完成18宗集体经营性建设用地入市工作，进一步促进了乡村旅游等新产业、新业态的发展；其次，通过土地征收和入市改革，更好地保障了规划区外的项目用地，大大缩短了审批周期，促进了用地节约，也显化了土地价值；再次，通过县域统筹配置宅基地，保障了农民家家户户有所居，实现了少数民族与汉族的多民族融合式居住，有效促进了各族群众共居共建共融；最后，通过宅基地退出、土地综合整治等改革措施，实现耕地面积“不减反增”进而牢牢守住了耕地保护红线。截至2019年末，湟源县集体耕地总面积为307831亩，家庭承包的耕地面积为301034.06亩，其中家庭承包耕地经营权流转总面积为150166.37亩；流转出承包耕地经营权的农户数为14412户，其中，全部流转出承包耕地经营权的农户数为10721户，流转出的土地主要用于种植粮食作物、经济作物，其种植面积情况如表3-19所示。

表3-19 湟源县土地流转用途汇总情况

单位：亩

流转用于种植粮食作物的承包耕地面积	62694.28
其中：家庭农场流转种粮面积	28618.14
农民专业合作社流转种粮面积	33366.14
流转用于种植经济作物的承包耕地面积	68393.09
其他用途的承包耕地面积	19079

通过土地流转，农民将自己手中“闲置”的土地提供给家庭农场、农民专业合作社、农业企业、农业大户等新型农业经营主体，以此获得分红、股金、租金等财产性收入。由此可以看出，湟源县通过完善土地制度改革，带动其他产业的同步发展，在守住耕地红线的情况下，增加了农民土地流转的面积，不仅使这些农民取得了土地收益，还避免了土地资源的浪费。

3.5.2.2 大通县土地制度改革情况

2015 年 4 月，大通县按照《县委全面深化改革领导小组 2015 年工作要点及责任分工》的通知要求，根据青海省农牧厅《关于印发 2015 年农村土地承包经营权确权登记颁证工作实施方案的通知》文件精神，有序推进了农村土地承包经营权确权登记颁证试点工作，通过农村产业发展、土地入股等，让农民群众切切实实感受到和得到了农村土地确权登记颁证试点改革带来的新变化和新实惠。

第一，农村土地承包关系进一步稳定，促进了农村经济社会发展。根据大通县委的要求，在工作过程中严格按照国家有关技术规程的要求，实地调查了大通县所有承包地状况，解决了实践过程中存在的承包地面积不准、空间位置不明、登记簿不健全等问题，通过确权登记发证，明晰土地产权关系，进而保护农民合法土地权益，让农民放心经营土地，公开有序地实现土地流转，增加有效投入，更好地促进农村经济社会发展。

第二，通过农村土地承包经营权确权登记发证，依法确认和保障农民的土地物权，形成产权明晰、权能明确、权益保障、流转顺畅、分配合理的农村集体土地产权制度。

第三，加大对农村集体土地确权登记，逐步建立起农村集体土地登记相关图、表、卡、册、证等档案，做到土地确权登记标准化、有序化、合法化、可操作化。

第四，推动土地流转工作。大部分流转土地将由农民专业合作社、家庭农场和农业产业化龙头企业等新型农民经营主体进行适度规模经营，农民通过流转土地不只获得流转收入，还可以获得外出务工的收入，拓展了收入渠道，从而促进了农民收入的增加。2016 年底，大通县实现土地流转收益 9245.06 万元，涉及户数为 23113 户。截至 2019 年末大通县土地流转总面积达 142670.38 亩，占总耕地面积的 17%，涉及户数为 32920 户，实现土地流转收益 7203.1 万元。流转面积较 2018 年增加 11449.49 亩，增长 8.73%。具体见表 3-20。

通过土地确权，切实使农民手中有了实实在在的“土地财产”，农民可以凭借对财产的使用权来获取收益。但从流转收益来看，农民因流转土地而获得的收益并不高，截至 2019 年，户均年收益为 2188 元，这主要是因为土地流转费用低，也是制约农民财产性收入增长的重要因素。所以，虽然土地流转工作大力推行，为农民获得土地使用权收益提供了基础。但由于市场体系建设不健全、土地流转费用低等原因，农民财产性收入增加受到限制。

表 3-20　大通县土地流转情况

流转形式	数量	流转方向	数量	流转用途	数量
1. 转包形式流转的面积/亩	5101	1. 流入农户面积/亩	5865.88	全县流转土地面积/亩	142670.38
其中：涉及户数/户	1195	其中：占流转总面积/%	4.11	其中：用于种植蔬菜面积	19249.94
占流转总面积/%	3.58	2. 流入合作社面积/亩	86324.11	用于养殖面积	2353.70
2. 转让形式流转的面积/亩	788	其中：占流转总面积/%	60.51	用于种植油菜面积	7350.70
其中：涉及户数/户	138	3. 流入企业面积/亩	20329.56	用于入股面积	5132.87
占流转总面积/%	0.55	其中：占流转总面积/%	14.25	用于建设生态园区面积	6454.10
3. 互换面积/亩	892	4. 流入家庭农场面积/亩	16832.6	用于种植小麦面积	9693.80

续表

流转形式	数量	流转方向	数量	流转用途	数量
其中：涉及户数/户	211	其中：占流转总面积/%	11.80	用于种植苗木面积	8240.44
占流转总面积/%	0.63	5. 流入种植大户的面积/亩	7949.13	用于种植药材面积	7032.03
4. 租赁面积/亩	130905.42	其中：占流转总面积/%	5.57	用于种植饲草面积	49638.62
其中：涉及户数/户	29153	6. 流入养殖大户的面积/亩	1374	用于种植马铃薯面积	26566.61
占流转总面积/亩	91.75	其中：占流转总面积/%	0.96	其他（光伏）方式	957.57
5. 入股面积/亩	4983.97	7. 流入其他的面积/亩	3995.11		
其中：涉及户数/户	2223	其中：占流转总面积/%	2.80		
占流转总面积/%	3.49				

3.5.2.3 西宁市湟中区土地制度改革情况

湟中区以稳定农民土地承包经营权为基础，以建立健全农村土地流转市场和服务机构为抓手，大力推进农村土地承包经营权合理流转，发展农业适度规模经营，促进了农业现代化发展进程。与此同时，搭建了土地流转信息服务平台，鼓励引导新型农业生产经营主体流转 9.4 万亩土地。截至 2019 年末，湟中区的土地改革情况如下：

（1）农地规模经营整体情况，该地区农地种植总面积为 844881 亩，人均耕地面积为 0.51 亩，其农地规模化经营主体共有 1347 个，比 2018 年减少 304 个，农地规模经营带动农民 65355 人，比 2018 年减少 20084 人。

（2）农地规模经营主体家庭农场情况，湟中区家庭农场共有 479 个，家庭农场土地种植总面积为 52630 亩，该地区家庭农场种植的主要作物品种为蔬菜、燕麦、中药材；农民专业合作社 823 个，农民专业合作社土地种植总面积 91870 亩，该地区农民专业合作社主要种植的作物品种为蔬菜、燕麦、马铃薯，其农民专业合作社总收入为 5672 万元，比 2018 年增加近 600 万元。

（3）土地集中型规模经营情况，该地区农地流转总面积为 14.2 万亩，其中流转入土地 14.2 万亩，流转出土地 14.2 万亩。2019 年，湟中区通过农地流转方式，实现土地集中型规模经营的种植面积为 7.48 万亩，占当地农地种植总面积的比例为 8.8%。其耕地流转去向主要有流转入农户、流转入农民专业合作社、流转入企业以及流转入其他主体，流转面积分别为 49151.3 亩、103595 亩、3933 亩和 320.2 亩。

土地制度改革的大力推进，使青海东部农业区各区域农民手中的“财产”越来越多，但对之前的数据进行分析，可以看出，青海东部农业区农民财产性收入水平在 2019 年反而有所下降。这和农民对“土地”等财产及财产权利的正确使用有关，也和农民自古以来拥有的封闭小农思想有关系。

3.6 青海东部农业区财产性收入增长存在的主要问题

通过对青海东部农业区农民收入及财产性收入现状的梳理和分析，发现青海东部农业区农民财产性收入增长存在以下问题：

第一，通过分析发现青海东部农业区的农民财产性收入基数小，占总收入的比重偏低。青海东部农业区随着经济社会的发展，农民的可支配收入逐年增加，但农民财产性收入作为一个新的增长点在东部农业区并没有显现出来。青海东部农业区的农民财产性收入占农民可支配收入的比值一直低于 2%，平均增长率为负值。这给农民收入的持续增长带来负面影响，由此可见，在乡村振兴战略实施背景下，伴随农村改革的深入推进，拓宽农民财产性收入来源，增加农民财产性收入，是保障农民收入持续增长的重要举措。

第二，农民财产性收入结构不合理，转让承包土地经营权租金净收入不高。通过数据整理发现，海东市6个区县的农民财产性收入主要来源于转让承包土地经营权租金净收入，占比为36%，而红利收入以及其他财产净收入，占比偏低。由于市场体系的影响，土地租金并不高，严重影响了农民财产性收入的增长。在“绿水青山就是金山银山”发展理念的指导下，大力发展乡村旅游及特色产业，成为传承农业文化及实现乡村全面振兴的重要举措。而这些项目及产业的开发和实施，必然会借用农民手中的“财产”，如土地、房屋、资金、集体资产权益等。这为农民通过利用手中的“财产”及财产权利获取收益提供了机遇，但目前存在的主要问题是农民依此获得的收益偏低，这主要与农村要素市场体系的不健全有关。所以在乡村振兴战略视角下，完善农村要素市场体系，拓宽财产性收入渠道，优化财产性收入结构，是提升财产性收入水平，保障农民收入持续增长的必然选择。

第三，青海东部农业区城乡居民财产性收入差距明显。对比东部农业区的城镇居民与农村居民的财产性收入发现，城乡居民的收入差距偏大，而且该差距呈现出逐步扩张的趋势。这对于第二个百年奋斗目标，即全面现代化的实现非常不利，也对共同富裕目标的实现带来负面影响。我国现阶段的社会主要矛盾主要集中在发展不平衡、不充分的问题上，而发展不平衡、不充分问题主要集中在乡村，城乡财产性收入差距逐渐扩大，对于城乡一体化的形成而言，会对乡村全面振兴产生一定的阻碍。所以多措并举，探索并增加财产性收入的渠道、缩小财产性收入差距是乡村振兴战略实施的必然选择。

第四，青海东部农业区各区域财产性收入差距明显。通过对东部农业区9个县区的财产性收入进行分析发现，同一区域的不同区县的财产性收入差距较大，以2019年数据来说，9个区县中最高财产性收入为285.23元，最低为零，两者之间相差285.23元。这对东部农业区整体经济的发展、农民收入的提高会产生一定的阻碍作用。当区域收入差距过大时，会让财产性收入偏低地区的农民对财产性收入的增长丧失信心、对农村“三权”分置改革的实施产生误解，也会导致农村改革在这些地区难以继续深化，阻碍区域经济发展和乡村振兴战略的实施。

第五，土地制度改革成效显著，但农民集体经济实现方式单一，农民手中的“财产”转为收益的现实性受阻。通过农村各项改革的深化，一系列惠农政策的逐步实施，尤其是“三权”分置改革的大力推行，农民手中实际拥有的财产数量和种类越来越多，但这些财产如何转化为市场经济运行需要的要素，需要我们大力探索农村集体经济的实现方式，通过丰富农村集体经济的有效实现形式，多渠道为农民财产性收入增长保驾护航。但通过前面的分析可以看出，虽然有些区域积极探索农村集体经济的实现形式，但总体来看，实现形式单一而且较为传统，这使得农民手中已有的“财产”形同虚设，影响农民发展经济的意愿和信心，也制约农民财产性收入的持续增长。

第六，农民财产收益普遍较低，从而忽视财产性收入增长问题。据调查，青海东部农业区农民财产性收入来源主要有利息收入、转让土地使用权收益、红利收入等。由于银行存款利息较低、农民土地流转费用不高、土地入股分红比例较小等因素，导致农民财产性收入总体偏低现状，如2019 年户均年收益仅为 2188 元，与工资性收入相比差距较大，造成农民忽视收入增长中的财产性收入。上述因素使农民宁愿将财产要素作为维持基本生存的最后保障，也不愿意将这些要素投入市场当中运行，成为制约农民财产性收入增长的一个重要原因。如果农民都愿意将手中的财产要素投入市场，必然会推动市场的发展，但由于预期收益偏低，严重影响了农民的投资策略。所以需要我们多措并举，激发农民参与市场运行的积极性，并通过合理的方式提升农民的要素收益，切实提高他们的财产性收入。

3.7 本章小结

本章主要内容是对青海东部农业区农民的财产性收入现状进行分析，首先，通过对比法，将研究区域农民财产性收入与省内外其他地区数值进行比较，侧面反映出青海东部农业区农民财产性收入水平偏低。然后对东部农业区各区域收入数值进行比较，反映区域内收入水平存在一定的差异，为后面进行区域内收入差距测算奠定基础。其次，结合西宁市和海东市土地制度改革情况，探讨农民财产性收入的变化。最后，结合以上各部分内容的研究结果，对目前青海东部农业区农民财产性收入增长存在的问题进行深入分析。这些问题主要包括总体基数小、结构不合理、城乡之间各区域之间差距大、财产权利实现受阻、农民意识淡薄等。

4

青海东部农业区农民财产性收入区域差距测度

本章分析的重点是对青海东部农业区各区域农民人均财产性收入的差距进行测算，以准确把握各区域收入差距的变化趋势。经济学中，收入差距属于流量概念，一般是指一定时期内，不同的劳动者、行业、地区之间，由于个人所拥有的生产要素不同，导致所产生的效益不同，从而形成收入的多与少的差距。财产性收入差距可以通过绝对收入差距和相对收入差距来进行测算。绝对财产性收入差距能够反映不同区域农民财产性收入的等级水平差距，相对财产性收入差距能够准确反映不同区域间的增长差异。二者最大的不同在于前者与经济发展基础息息相关，而后者不受经济基础的干扰。

4.1 绝对差距测度

绝对财产性收入差距衡量的是农民财产性收入在绝对数值上的差距，能够直观地表现出各区域财产性收入的差距。对青海东部农业区农民财产性收入绝对差距的测算采取极差和标准差两个指标进行。

4.1.1 测算方法介绍

4.1.1.1 财产性收入极差

极差又称范围误差或全距，用来表示统计资料中的变异量数，为最大值减最小值所得之数据。财产性收入极差是区域内人均财产性收入最高区域的数值与最低区域的数值之差，反映区域内人均财产性收入的差距。计算公式为：

$$R=Y_{max}-Y_{min} \tag{4-1}$$

上述公式中，R 表示青海东部农业区农民人均财产性收入极差；Y_{max} 表示东部农业区中农民人均财产性收入最高区域的收入数值；Y_{min} 表示东部农业区中农民人均财产性收入最低区域的收入数值。

4.1.1.2 标准差

标准差，是方差的算术平方根，一般又称为标准偏差，主要用来反映一个数据集的离散程度。通过计算财产性收入的标准差，可以反映青海东部农业区各区域农民财产性收入与均值的偏离程度，进而衡量各区域人均财产性收入差距。计算公式为：

$$S=\sqrt{\frac{\sum_{i=1}^{n}(X_i-\overline{X})^2}{n}} \tag{4-2}$$

上述公式中，S 代表青海东部农业区农民人均财产性收入标准差；X_i 表示青海东部农业区内某区域农民人均财产性收入；n 表示青海东部农业区内所包含的区域个数。

4.1.2 测算结果分析

通过将各区域人均财产性收入和农村人口数的数据（见表 4-1），按照相应公式计算，得到表 4-2。

根据表 4-2 中的数据作出东部农业区农民财产性收入极差和标准差的变化趋势图，见图 4-1。

表 4-1 2015—2019 年青海东部农业区农村人口数与人均财产性收入情况

区域	2019 年		2018 年		2017 年		2016 年		2015 年	
	农村人口数（人）	人均财产性收入数（元）	农村人口数（人）	人均财产性收入数（元）	农村人口数（人）	人均财产性收入数（元）	农村人口数（人）	人均财产性收入数（元）	农村人口数（人）	人均财产性收入数（元）
平安区	71511	102. 33	72736	248. 47	70847	107. 34	70833	222. 07	71272	65. 61
乐都区	190955	129. 09	190918	71. 61	197174	63. 42	191515	60. 45	190551	77. 23
民和县	320886	27. 04	321180	41. 27	319241	164. 15	319717	95. 16	316014	76. 54
互助县	308880	35. 47	308908	31. 05	305310	1. 86	304490	47. 17	306081	27. 39
循化县	120150	45. 49	118598	260. 15	116897	243. 41	114954	170. 51	112418	116. 16
城北区	27622	978. 97	27495	1146. 76	27208	720. 33	26806	616. 70	26407	556. 91
城中区	15209	746. 95	15129	746. 95	14904	1234. 05	14740	1146. 54	14668	1061. 0
大通县	276318	285. 23	275254	274. 72	273997	290. 90	271412	243. 45	270322	227. 67
湟源县	88709	175. 80	88842	234. 44	88984	285. 03	89131	472. 13	88937	501. 80
湟中县	369604	66. 60	369696	66. 40	370104	273. 91	369645	572. 26	367690	560. 23

数据来源：西宁市和海东市各区域经管站调研整理而得。

表 4-2 2015—2019 年青海东部农业区区域绝对差距变化

	极差	标准差
2015 年	161362382. 1	100657406. 4
2016 年	197170254. 4	97901581. 7
2017 年	100807310	46885234. 83
2018 年	66026185. 48	3237550. 24
2019 年	73348559. 64	8648952. 885

从图 4-1 可以看出，青海东部农业区各区域农民人均财产性收入绝对差距呈现先快速缩小后缓慢增加的趋势。2016—2018 年，青海东部农业区各区域农民人均财产性收入绝对差距有明显的缩小趋势。分析这 3 年青海东部农业区经济发展时间，认为这与党的十九大之后，经济发展进入新常态，由高速增长向中高速增长转变有关。整体经济的发展态势也同时带来青海东部农

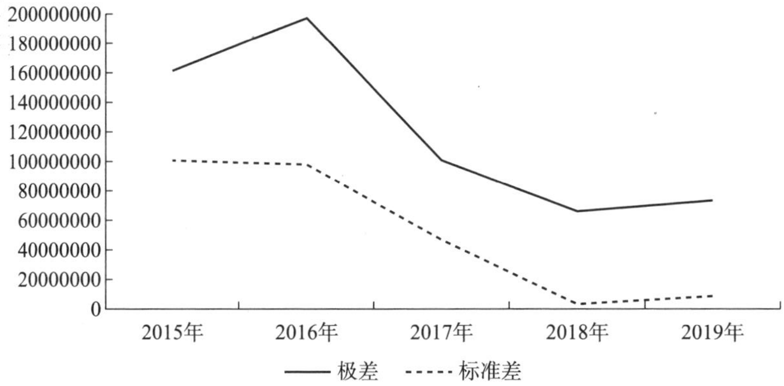

图 4-1　2015—2019 年青海东部农业区区域绝对差距变化

业区经济发展速度的减缓。这在一定程度上影响了农业项目的实施、农产品的销售、农业企业和农民专业合作社的产品经营以及农民流转土地或财产权利的使用，导致财产性收入增长减缓。2018—2019 年，青海东部农业区农民财产性收入绝对差距又出现缓慢上涨趋势，这与 2015 年农村各项改革的实施有关，各项改革成效逐渐得以显现。随着供给侧结构性改革在农村区域的逐步深化，农村产品结构发生了明显变化，农民按照市场需求生产社会需要的农产品，在市场上很容易得到社会的承认并转化为价值，刺激市场活动频繁，进而为农民“财产”要素的投入提供活跃的市场环境，从而实现农民财产性收入逐步增加。农村集体资产股份权能改革、土地确权到户等产权改革的深化，对青海东部农业区农民财产性收入增长有明显的推动作用。随着改革的深化和逐步推进，农民手中的“财产”不仅仅包含货币、房屋、生产工具等有形资产，还包括农村集体资产的股份、土地使用权等。农民可以凭借股份分享村集体的资产收益，可以将手中的土地使用权出租、入股或转让给其他村民或农业企业、农民专业合作社，依次获取租金、股金、分红等收益，一定程度上增加了农民的财产性收入。可见，农民财产性收入的增加和政府政策的实施以及市场环境有很大的关系，二者形成一个互相制约、互相影响的体制，共同对农民财产性收入的增长产生影响。

4.2 相对差距测度

相对收入差距是以收入比重或者收入相对额表示的收入差距，用来衡量各区域收入的相对差距，可以通过极值差率、基尼系数、泰尔指数等指标来进行测算。通过不同指标数据的测算，对青海东部农业区农民人均财产性收入相对差距进行全面的把握和分析。

4.2.1 测算方法介绍

4.2.1.1 极值差率

极值差率是经济指标最大值与最小值的比率。财产性收入极值差率是青海东部农业区内农民人均财产性收入最高区域的数值与最低区域的数值之比。计算公式为：

$$I_r = \frac{Y_{max}}{Y_{min}} \tag{4-3}$$

上述公式中，I_r 表示青海东部农业区农民人均财产性收入极值差率；Y_{max} 表示东部农业区中农民人均财产性收入最高区域的收入数值；Y_{min} 表示青海东部农业区中农民人均财产性收入最低区域的收入数值。

4.2.1.2 基尼系数

基尼系数是国际上通用的，用来衡量一个国家或地区居民收入差距的常用指标。在本书中用来衡量青海东部农业区农民财产性收入差距，其数值介于 0 和 1 之间。基尼系数越接近 0，表明收入分配越趋向平等，收入差距越小，反之收入差距越大。国际上普遍认为，基尼系数在 0.2~0.4 表示收入不平等较为合理；小于 0.2 表示收入不平等较小；大于 0.4 意味着收入不平等过大；超过 0.6，则认为严重不平等。目前，国际上关于收入分配程度的警戒线为0.4。它是根据洛伦茨曲线找出了判断分配平等程度的指标。如图4-2所示：

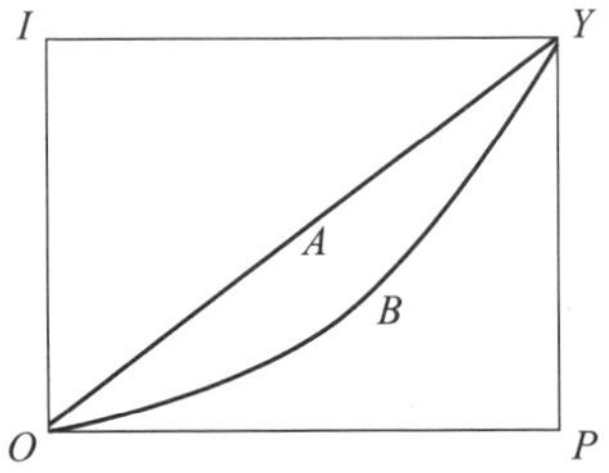

图4-2　基尼系数

基尼系数计算公式为：

$$G=\frac{S_A}{S_A+S_B}=1-2S_B \tag{4-4}$$

上述公式中，G表示基尼系数；S_A为图4-2中A的面积，S_B为图4-2中B的面积。

4.2.1.3　泰尔指数

泰尔指数是衡量个人之间或者地区之间收入差距或者称不平等度的指标，其由泰尔在1967年将信息理论中的熵概念引入收入不平等的计算中而得名。泰尔指数数值越大，说明收入差距越大，反之收入差距越小。泰尔指数与基尼系数之间具有一定的互补性。基尼系数对中等收入水平的变化比较敏感，而泰尔指数对上层收入水平的变化比较敏感。计算公式如下：

$$T=\sum_{i}^{n}\left(Y_i\log\left(\frac{Y_i}{P_i}\right)\right) \tag{4-5}$$

上述公式中，T表示泰尔指数；Y_i表示区域i农民人均财产性收入占青海东部农业区农民财产性总收入的比重；P_i表示区域i人口数占青海东部农业区总人口数的比重。

4.2.2 测算结果分析

4.2.2.1 基于极值差率的财产性收入测算

一般而言，极值差率越大，说明样本区农民财产性收入最高区域与最低区域之间的变化幅度越大。根据表 4-1 中相关数据进行计算，可得青海东部农业区 2015—2019 年财产性收入极值差率，见表 4-3。根据表 4-3 中的数据绘制折线图得到图 4-3。

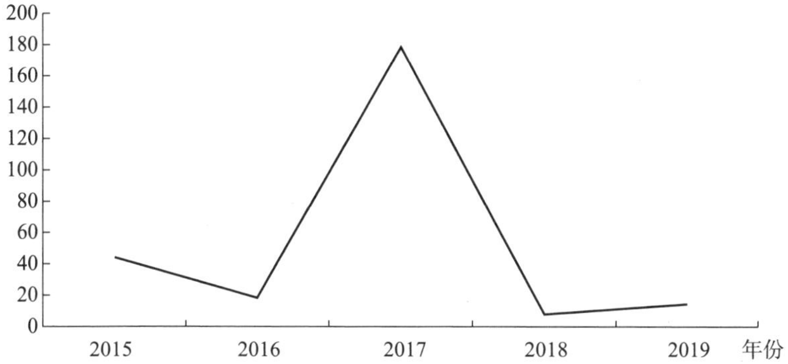

图 4-3 2015—2019 年青海东部农业区财产性收入极值差率变化趋势

从图 4-3 可以看出，2015—2019 年青海东部农业区人均财产性收入最高区域与最低区域的变化幅度呈现先变大后减小的趋势，呈现出明显的倒“U”型特征，这也只能说明样本区财产性收入差距逐年发生变化，但并不能准确衡量青海东部农业区各区域之间财产性收入差距的变化趋势。对于东部农业区财产性收入差距的衡量需要借助基尼系数和泰尔指数来进行测算。

4.2.2.2 基于基尼系数的相对财产性收入测算①

本文将基尼系数运用于青海东部农业区人均财产性收入的区域差异测

---

① 怎样理解基尼系数？全国居民基尼系数怎么查找？国家统计局 . 2021-02-18[引用日期 2022-04-09].

算，目的是准确衡量青海东部农业区各区域财产性收入的差距。根据公式(4-4)，考虑到现实数据情况，计算过程如下：

（1）根据人均财产性收入数值和人口数计算各区域财产性收入总数；

（2）分别计算各区域人口占总人口的百分比 P 和财产性收入占总收入的百分比 W；

（3）计算 P/W；

（4）对 P/W 进行升序排序；

（5）计算洛伦兹曲线横轴数据，即人口累计百分比；

（6）计算洛伦兹曲线纵轴数据，即财产性收入累计百分比；

（7）计算梯形面积 S_B；

（8）计算基尼系数 $GNI=1-2*S_B$。

根据表 4-1 所列数据，按照以上步骤进行计算，得到青海东部农业区 2015—2019 年财产性收入基尼系数，如表 4-3 所示。

表 4-3　2015—2019 年青海东部农业区财产性收入区域差异变化

年份	极值差率	基尼系数	泰尔指数
2015	44. 05134735	0. 512734433	0. 189108781
2016	18. 27170718	0. 475744647	0. 15640817
2017	178. 5162245	0. 399350009	0. 142591149
2018	7. 883755673	0. 494381961	0. 208148907
2019	14. 41998029	0. 51363692	0. 215776182

数据来源：《青海统计年鉴》《海东统计年鉴》。

根据表 4-3 中基尼系数的数据可以绘制 2015—2019 年青海东部农业区财产性收入基尼系数的折线图，如图 4-4 所示。

从图 4-4 可以看出，青海东部农业区基于财产性收入计算出的基尼系数相对较大，保持在 0. 4~0. 5，说明东部农业区各区域财产性收入差距过大，2016—2017 年虽然差距有所缩小（基尼系数由 0. 475744647 降为 0. 399350009)，但 2018—2019 年又逐步拉大。说明在农业供给侧结构性改

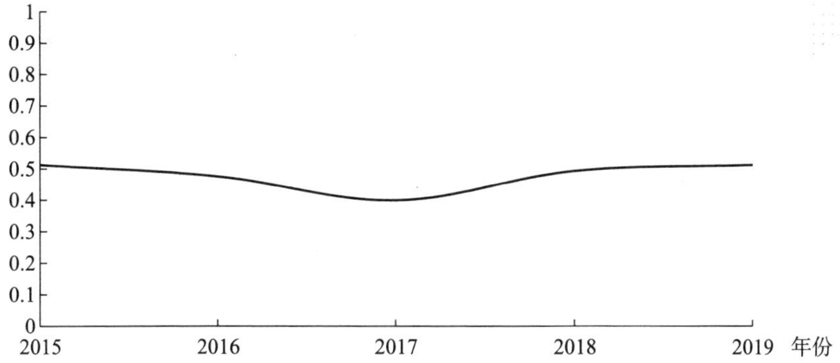

图 4-4　2015—2019 年青海东部农业区财产性收入基尼系数

革实施的政策背景下，各地区财产性收入变化幅度不一致，从图 4-5 东部农业区各区域人均财产性收入变化趋势可以看出，西宁市城中区、城北区、湟中区、湟源县变化幅度较大，导致各区域农民财产性收入差距波动较大。但从总体来看，西宁市农民人均财产性收入要比海东市人均财产性收入高。

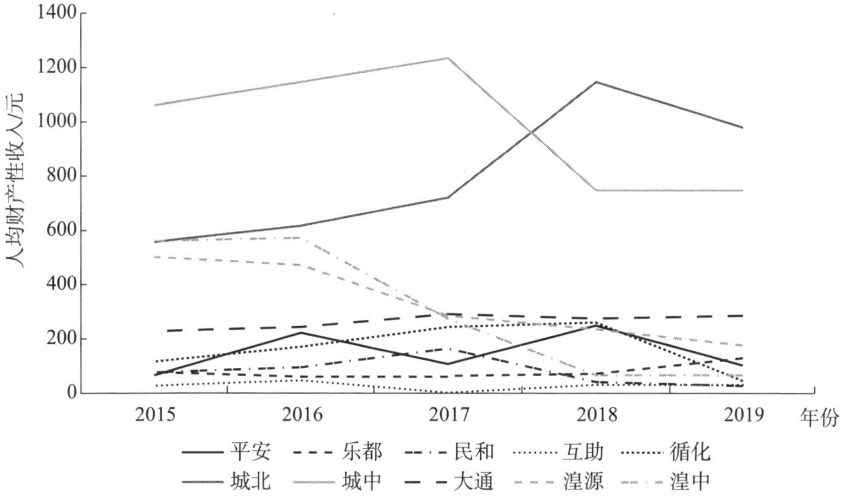

图 4-5　2015—2019 年青海东部农业区各区域农民人均财产性收入变化趋势

4.2.2.3 基于泰尔指数的相对财产性收入差距测算

泰尔指数也是判断区域收入差距的常用指标，运用公式（4-5）对表4-1中的数据进行计算，得到青海东部农业区2015—2019年泰尔指数，见表4-3。计算步骤如下：

（1）根据人均财产性收入数值和人口数计算各区域财产性收入总数；

（2）分别计算各区域人口占总人口的百分比 P_i 和财产性收入占总收入的百分比 Y_i；

（3）计算 P_i/Y_i；

（4）计算 P_i/Y_i 的对数 $\log(P_i/Y_i)$；

（5）计算 $\log(P_i/Y_i) * Y_i$ 的值；

（6）对 $\log(P_i/Y_i) * Y_i$ 的值求和。

将表4-3中的泰尔指数数据运用Excel作出折线图，得到青海东部农业区泰尔指数变化趋势图，见图4-6。

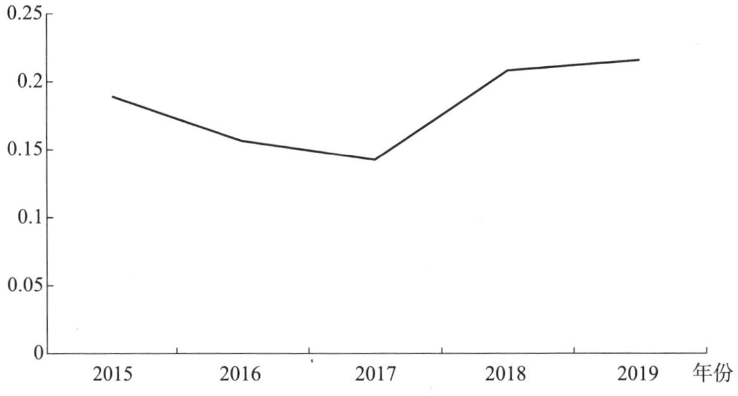

图4-6 2015—2019年青海东部农业区泰尔指数变化趋势

从图4-6可以看出，青海东部农业区农民财产性收入相对差距呈现先缩小后拉大的趋势，呈现出明显的“U”型特征。泰尔指数2015—2017年逐渐变小，说明区域财产性收入相对差距逐步缩小，2017—2019年，泰尔指数先快速变大后缓慢增长，说明区域财产性收入相对差距呈现逐步扩大的趋势，这与其他方法测算的结果基本一致。总体来看，青海东部农业区各区域农民财产性收入差距明显，并且收入差距呈现先缩小后拉大的变化趋势。

4.3 基于GIS的青海东部农业区财产性收入差距分析

基于4.1、4.2具体统计指标的测算，可以看出青海东部农业区各区域收入差距较为明显，为了能直观地看出各区域的差距情况，课题组运用GIS方法，将青海东部农业区各区域财产性收入表示在地图中，从空间布局的角度，直观感受青海东部农业区各区域农民财产性收入的差距。

GIS（Geographic Information Systems），是以地理空间为基础，采用地理模型分析方法，实时提供多种空间和动态的地理信息，是一种为地理研究和地理决策服务的计算机技术系统。将这种方法用于经济学的研究，可以从空间差异的变化和不同区域颜色的深浅来观测研究样本的情况。

采用ArcGIS10.8软件的自然断裂法根据表4-1中的数据，将青海东部农业区2015年和2019年各区域财产性收入变化空间变异展示出来，如图4-7所示。

从图4-7可以明显看出，青海东部农业区财产性收入存在差距。从空间布局来看，可以划分为最高区域、中等区域、次中等区域、较低地区。青海省2015年财产性收入最高的区域是西宁市湟中区，其次是大通县、湟源县，海东市多数区域农民财产性收入水平相对较低，民和县相对其他区域较高一些。说明从西往东财产性收入出现梯度变化特征。具体来看，2019年青海东部农业区农民财产性收入情况发生了较大的变化，最高区域为西宁市大通县，其次是西宁市湟中区和海东市乐都区，其余地区收入水平较低，互助县和湟源县相对其他区域较高一些。所以，不论是2015年，还是2019年，青海东部农业区农民财产性收入各区域差距明显。而且相比2015年，从图4-7总体颜色深浅变化也可以看出，青海东部农业区财产性

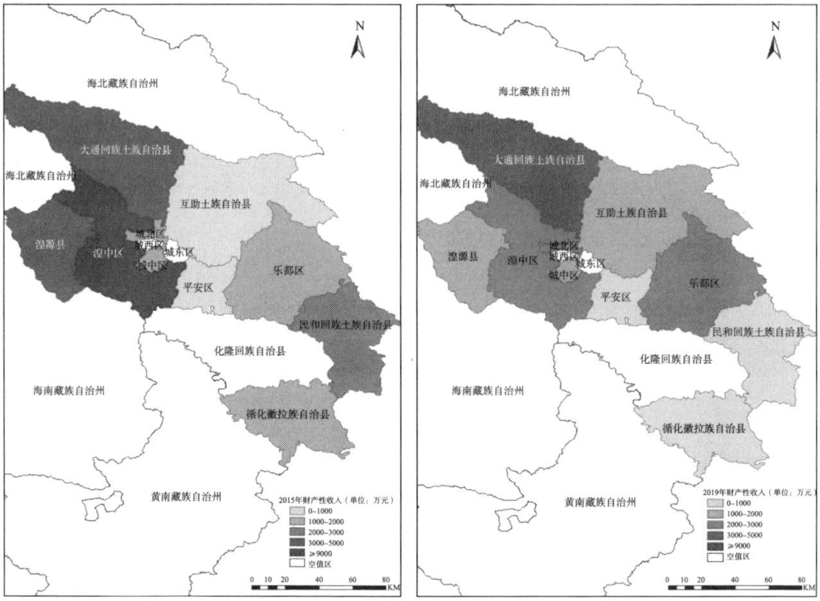

图 4-7　2015 年和 2019 年青海东部农业区农民财产性收入区域差异图

收入总体上出现了明显下降的趋势。尤其是西宁市湟中区、湟源县，2019年农民财产性收入有明显的下降趋势。在农业供给侧结构性改革逐步深化的过程中，随着集体资产股份权能改革的深化、农民“三权”分置改革的逐步完成，农民手中的财产越来越多，但为什么财产性收入水平会降低呢？这是一个值得深究的问题，需要深入实践、深入调查和分析农村财产性收入增长到底受到哪些因素的制约。

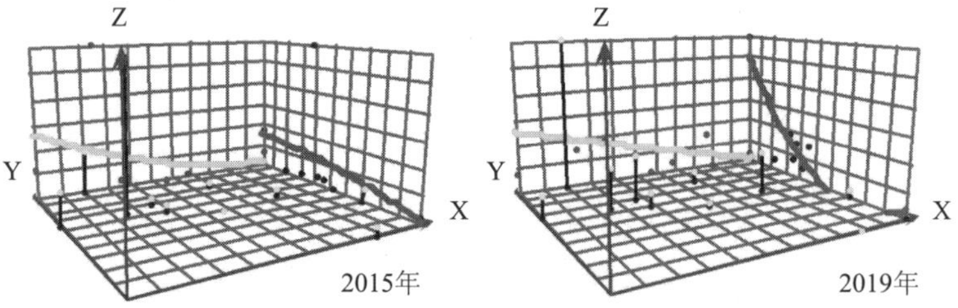

图 4-8　青海东部农业区农民财产性收入空间分布透视图

进一步分析，借助趋势分析工具将2015年和2019年的青海东部农业区各地区财产性收入作为高度属性值转换成三维透视图，目的是揭示农业区内各区域财产性收入的空间分布格局。其中，X轴、Y轴分别表示财产性收入在东西方向和南北方向的分布趋势。图中的青色线表示各地区财产性收入在东西方向投影的趋势线，蓝色线表示各地区财产性收入在南北方向投影的趋势线。从图4-8中可知，2015年和2019年，青色线的变化趋势基本一致，都呈现逐年下降的趋势，说明农民财产性收入由西向东呈现出逐步减少的空间分布格局。蓝色线2015年和2019年有一定的差异，2015年表现为由北向南逐步减少的趋势，而2019年呈现出较为显著的"U"型特征，说明2019年东部农业区农民财产性收入由北向南呈现出先下降再上升的空间格局，总体呈现向西北逐步集中的空间格局特征。

4.4　本章小结

本章内容主要是对青海东部农业区农民财产性收入差距进行测算，通过选用不同的指标，反映东部农业区农民人均财产性收入的绝对差距和相对差距，并根据数据变化详细分析差距的变化趋势。研究结果表明青海东部农业区农民财产性收入差距较大，而且呈现先减小后逐渐拉大的趋势。最后借用ArcGIS10.8分析软件对青海东部农业区农民财产性收入差距的空间格局进行了分析，发现由西向东和由南向北呈现不同的变化趋势，总体表现出向西北集中的空间格局特征。

5

青海东部农业区农民财产性收入影响因素分析

前面的内容分析了青海东部农业区农民财产性收入的现状和各区域差距状况，就目前情况而言，青海东部农业区的农村居民收入稳步增加，但是其财产性收入呈现出以下特点：一是农民财产性收入呈现逐步下降趋势，二是农民财产性收入在农民收入中的占比较少，三是农民财产性收入的绝对量较少。那么哪些因素影响了农民财产性收入呢？本章主要分析影响青海东部农业区农民财产性收入的因素。为了使该问题的分析更具客观性，本部分首先采取随机抽样的方法，对青海东部农业区农民财产性收入的状况进行实地调查，以获取第一手资料；其次采取二元 logistic 模型和多元回归模型分别对有无财产性收入和财产性收入多少的影响指标进行甄别；再次运用主成分分析方法对青海东部农业区农民财产性收入的影响因素进行聚类分析；最后运用灰色关联度分析方法对影响因素大小进行排序，以检验主成分分析方法所得结果的可靠性。

5.1 变量选择与解释

根据研究假设 H_1，课题组经过初步调查和了解，认为影响青海东部农业区农民财产性收入的具体指标有年龄、家庭总工资性收入、风险偏好、家庭劳动力人数、农户受教育程度、遵守红绿灯、系安全带、家庭党员人数。对主要指标的解释，如表 5-1 所示。其中用财产拥有量、家庭总工资性收入、家庭劳动力人数来反映经济因素，用农户受教育程度来反映文化因素，用遵守红绿灯、系安全带来反映道德素质因素，用家庭党员人数来反映政治因素。

家庭总工资性收入（X_3）：指的是家庭成员通过向市场提供劳动要素而获取的收入，家庭成员获得的工资越高，其财产积累量就越多，进而会提高农民获取财产性收入的可能性。该指标与农民财产性收入之间是正向的影响关系，随着家庭总工资性收入的增加，农民财产性收入越高，反之，农户家庭总工资性收入较低，农户收入主要用于维持最基本的生存，没有剩余的收入去积累更多的财产，农民财产性收入增长可能性变小。

农户的风险偏好（X_4）：指的是农户对因投资而产生的风险的种类、大小等方面的基本态度。农户认为投资风险越大，其投资的意向越弱，获取财产性收入可能性就越小。这是因为在市场经营或行为过程中，如果风险越大，农户越容易在行为中选择规避风险，导致参与投资的意愿减弱，进而获取财产性收入可能性减小。反之，农户如果经自我判断后认为投资风险较小，那么其参与投资的信心将增大，投资行为意愿变强，使得获取财产性收入的可能性变大。该指标与农民财产性收入之间是负向的影响关系。

家庭劳动力人数（X_5）：指的是一个家庭人口中，达到劳动年龄并且能够参加劳动的人口。这里不包括已达到劳动年龄的在校学生、因残疾、疾病不能参加劳动的人员。家庭成员是否有劳动能力，在一定程度上影响着家庭财产积累的情况，进而影响财产性收入。该指标与农民财产性收入之间是正向的影响关系。一个家庭具有的劳动力人数越多，意味着家庭成员共同取得的各项收入总和越多，进而能够获得的财产越多，即家庭财产积累量越高，获得财产性收入的可能性也就越大。相反，如果一个家庭具有的劳动力人数较少，家庭总收入量相对较少，获取各项财产的数量和规模就不大，获取财产性收入的可能性也越小。

农户的受教育程度（X_6）：是指农户所获得的最高学历（该指标仅针

对具有农村户口且一直主要居住在农村，以农业经营为主的农户，不包括在校大学生）。该指标与农民财产性收入之间是负向的影响关系。一般而言，农户的学历越高，对新生事物以及市场状况认知程度也会越高，农户自身综合素质也越高，那么其获取收入的渠道就越多，这样，农户反而会更多地把主要精力放在增加工资性收入上，从而忽视财产性收入。相反，农户学历越低，能够参与市场运行获取收入的渠道越少，在农村改革逐步推行的情况下，就会越来越重视财产性收入的提高。

农户的道德素质：该指标是农户的道德认识水平和道德行为水平的综合反映。本文选择遵守红绿灯（X_7）、系安全带（X_8）[59]两个变量对道德素质进行衡量，一般认为，农户道德素质越高，越容易接受党的政策的引导，多措并举增加财产性收入的可能性越大。相反，农民道德素质越低，对新生事物的认知和党的政策的理解越浅，那么他们探寻增加财产性收入的可能性越小，故获取财产性收入的可能性也越小。

家庭党员人数（X_9）：政治关系是指一种基于特定利益要求而形成的社会关系，农村中家庭党员人数能够反映一个家庭的政治关系。一般而言，一个家庭中的党员人数越多，说明理解党的政策的积极性和深入性越高，在改革逐步推进下，越容易探寻财产性收入的渠道，获取财产性收入的可能性增强；反之，一个家庭中党员人数越少，与较多党员家庭相比，理解党的政策的积极性和深入性减弱，探寻财产性收入渠道的意愿减小，故获取财产性收入的可能性减小。

为了实现影响因素的量化分析，在研究过程中课题组将对上述指标中的年龄（X_1）、风险偏好（X_4）、家庭劳动力人数（X_5）、受教育程度（X_6）、遵守红绿灯（X_7）、系安全带（X_8）、家庭党员人数（X_9）等变量进行赋值，具体如表 5-1 所示：

表 5-1 解释变量赋值定义

变量	符号	变量定义
有无财产性收入	Y	有财产性收入=1；没有财产性收入=0
年龄	X_1	25 岁以下=1；25~35 岁=2；36~45 岁=3；46 岁以上=4
财产拥有量	X_2	问卷填写
家庭总工资性收入	X_3	问卷填写
风险偏好	X_4	高风险=1；较高风险=2；一般风险=3；低风险=4；没有风险=5
家庭劳动力人数	X_5	家中无劳动力=1；家中有 1 个劳动力=2；家中有 2 个劳动力=3；家中有 3 个或 3 个以上的劳动力=4
农户受教育程度	X_6	学历*获得该学历的年限
遵守红绿灯	X_7	总是遵守=4；偶尔不遵守=3；看情况=2；偶尔能遵守=1
系安全带	X_8	系=3；看情况=2；不系=1
家庭党员人数	X_9	家中无党员=1；家中有 1 名党员=2；家中有 2 名党员=3；家中有 3 名或 3 名以上党员=4

赋值的依据是按照各变量对财产性收入的影响机理，以及影响程度分别赋值。一般而言影响程度越高，赋值越大，影响程度越低，赋值越小。但表 5-1 中的变量 X_2 和 X_3，由于个体差异较大，为了避免认为划分区段的随意性影响分析结果，便采用问卷调查的真实数据。

5.2 数据来源与分析

5.2.1 问卷设计与发放

根据研究假设和选取的具体变量，课题组设计了一份调查问卷。该问卷包括 18 个问题，包含基本信息、家庭收入情况、受教育情况、道德素质情况、社会关系情况。具体包含的指标有被调查农户的年龄、有无财产性收入、财产拥有的种类、家庭工资性收入、风险识别、家庭劳动力人数、学历及受教育年限、是否遵守红绿灯、是否系安全带以及家庭党员人数。

根据研究需要，考虑到青海东部农业区的行政区划范围，课题组选取西宁市大通县、湟源县、湟中区、城东区，海东市平安区、乐都区、互助县、循化县、民和县等4区5县作为重点调查区域，问卷采用问卷星电子问卷的形式。

在这些区域，选择具有农村户口且一直主要居住在农村，以农业经营为主兼有其他收入来源的农户，随机发放调查问卷共450份，回收442份，有效问卷438份，有效率为97.33%。同时，为了保障实证分析结果的合理性，课题组还在这4区5县随机抽取20名政府工作人员进行访谈，访谈内容主要涉及所在区域农民土地制度改革情况，农民财产性收入总体情况，农民对财产性收入增长和农村改革的态度，农民对集体经济发展的看法和积极性，农民外出打工和留在农村务农情况等。

5.2.2　描述性统计

这部分内容主要是针对样本数据的基本情况进行分析，以了解和把握样本的个性特征，为实证分析奠定基础。一方面详细分析所抽取样本的情况，以说明样本抽取的合理性；另一方面通过样本个性特征分析，为我们后面在实证分析的基础上，从定性角度分析影响因素提供数据支撑。

5.2.2.1　样本农户受教育程度

受教育程度可以综合反映被调查样本的文化程度，文化程度高低决定着农民收入渠道的多寡，也影响着财产性收入的获得。一般而言，文化程度越高，农民获取收入的来源越多；反之，农民获取收入的来源越少。

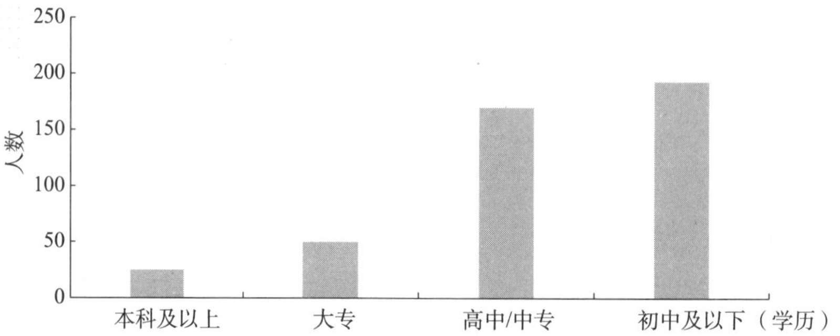

图 5-1　东部农业区被调查对象受教育程度

通过图 5-1 中可以明显看出，在被调查的 442 位农民中，受教育程度大部分处于高中及高中以下阶段，所占比例为 88.58%，而大专和本科及以上的人数仅为 50 人，占全部人数的 11.42%。也就是说在被调查的人中，绝大部分的被调查者受教育程度较低，反映出其文化水平处于较低阶段。在实地调研中得知，由于城镇化的快速推进，农民外出打工的机遇越来越多，而且相比在农村所能获取的农业经营性收入，外出打工的收入较为稳定，同时收入水平呈现逐步增长的趋势。所以，文化程度越高的农民，越愿意选择外出打工来获取工资性收入，这是因为一方面工资性收入的获得相对较容易；另一方面相比转让土地使用权等所能获得的财产性收入在数量上更多。从调研的数据来看，很少有学历比较高的人愿意留在农村生活或者选择在农村就业。

5.2.2.2　样本农户财产性收入情况

通过对被调查的 442 位农户财产性收入情况的数据分析，发现大多数农户没有财产性收入。从图 5-2 可以看出，调查样本中有 383 个样本没有财产性收入，占被调查者总数的 86.65%，而有财产性收入的人数较少，占比仅为 13.35%，这说明财产性收入是制约被调查区农民收入增长的重要因素，也是农民收入增长的短板，这和统计年鉴中财产性收入在总收入中占比较低的情况吻合。青海东部农业区只有大力探索财产性收入的增收渠道，使农民手中的财产真正变成收入的来源，以促进农民收入持续增长，才能让更多的农民留在农村，激发他们为农村建设与发展添砖加瓦的内生动力，充分发挥他们身处农村、了解农村、认识农村的优势，助推乡村振兴战略的实施，促进全面现代化的实现。

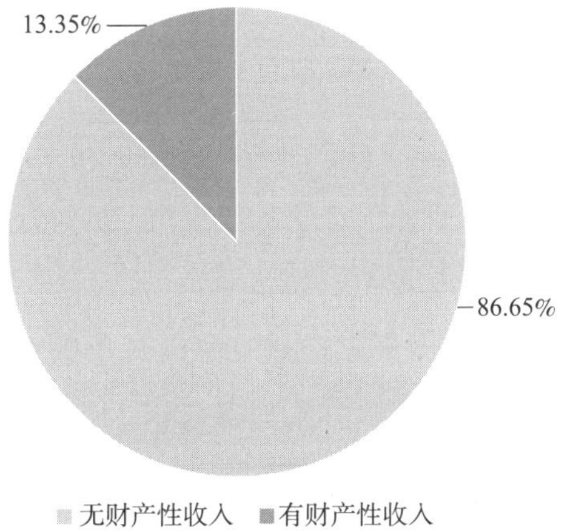

图 5-2 青海省东部农业区农民有无财产性收入情况

5.2.2.3 样本基本特征分析

为了能够更加清晰地了解所调查样本的情况，在对调查数据进行简单统计分析之后，运用 SPSS23.0 数据处理软件对各变量所对应的数据进行分析，可以得到如下结果，见表 5-2。

表 5-2 数据描述性统计结果

变量	个案数	最小值	最大值	平均值	标准差
有无财产性收入（Y）	438	0	1	0. 13	0. 332
年龄（X_1）	438	1	4	3. 27	. 738
家庭总工资性收入（X_3）	438	500. 00	500000. 00	30659. 3607	35420. 32464
风险偏好（X_4）	438	1	5	1. 77	. 797
家庭劳动人数（X_5）	438	1	4	2. 89	. 531
受教育程度（X_6）	438	9	16	11. 29	2. 309

续表

变量	个案数	最小值	最大值	平均值	标准差
遵守红绿灯（X_7）	438	1	4	1.16	.517
系安全带（X_8）	438	1	3	1.09	.323
家庭党员人数（X_9）	438	1	4	1.50	.662

从表5-2所列的数据统计结果可以看出，青海东部农业区农民有无财产性收入的均值为0.13，说明该区域农户有财产性收入的人数比例较小，大部分农户处于没有财产性收入的状况。从8个反映样本基本特征的具体指标来看，年龄的平均值为3.27，结合赋值的情况（表5-1），说明被调查农户的年龄大多都在36岁以上，这与东部农业区农村现实吻合。据了解，大多数年轻村民（除在校学生外）都选择外出打工，尤其是那些尚未结婚的年轻人或者刚结婚的年轻夫妇。他们认为城市的生活总体要好于农村，不管是基础设施，还是公共设施，包括就医条件、上学条件都要比农村优越。还有的村民反映，年轻人觉得如果自己一直住在农村，会丧失斗志，也会错过很多赚钱的机会。这些都是目前农村存在的现实情况，也是调查样本平均年龄较大的原因。受教育程度平均值为11.29，说明对于调查区而言，目前农村居民基本完成9年义务教育，但高学历人数相对较少，因此在一定程度上会影响农业技术的推广及村民对最新农业政策、农业相关文件精神的理解和接受程度。样本中党员人数的均值为1.50，说明家庭中无党员或党员人数为1人的情况在被调查的农户中较为普遍，从政治层面反映出青海东部农业区农民的社会关系较为单一，向党组织靠拢的意识淡薄，思想较为传统。家庭劳动力人数的均值为2.89，说明被调查的农户中具有2个或3个劳动力的情况较为普遍，反映出以家庭为单位来计算的劳动力的数量不多，一定程度上影响家庭总经济收入。据调查，出现这种情况的原因一方面是老龄化现象越来越严重；另一方面是在校学生人数增多，很多农村生源学生为了能改变自身农村生活的状态，选择接受更高等

的教育，如继续攻读研究生、博士生。还有一方面原因是受到农民生育行为的影响，农村愿意生育两个及两个以上小孩的人数越来越少。风险偏好的均值为1.77，可以得出大多数农户不愿意为了获得高额利益而去追求风险投资的结论，也就是说农户不愿意用自己的财产去购买风险较大的基金等金融产品。说明农民的投资观念和意识不是很强。据了解，大多数农民认为自己通过努力获得的收入实属不易，他们更愿意将这些收入存入银行或者购买房屋。对于那些投资风险较大的项目，他们不敢也不愿涉足，主要是害怕长期的努力瞬间化为乌有。遵守红绿灯和系安全带的均值分别为1.16和1.09，农户中只有少数人不愿遵守红绿灯和系安全带，说明被调查农户道德素质普遍较高。据了解，这一方面是受“法律进社区”活动的影响，活动使农民意识到遵守法律的重要性和必要性；另一方面是随着农村生活水平的提升，农村机动车辆数量急剧增加，这增加了行人因不遵守交规而发生交通事故的危险；同时，还有自美丽乡村建设项目实施后，政府的政策宣讲和大力宣传给农民带来了耳濡目染的效果，农民整体素质有所提高。

5.3 财产性收入影响因素的回归分析

通过实地调研和上面部分的描述性统计结果可知，青海东部农业区很多农民并没有财产性收入。那么要探寻影响该地区农民财产性收入的影响因素，就需要分别针对无财产性收入的影响因素和有财产性收入的影响因素来进行分析。

5.3.1 有无财产性收入的影响因素分析

“有无财产性收入”可以分为“有财产性收入”和“无财产性收入”两种类型，分别记为“1”和“0”，作为模型中的被解释变量。因为被解释变量有两个值，故本部分对有无财产性收入影响因素的分析选取二元 Logistic 模型。将表 5-1 中的 X_i（i=1，2，3，…，9）作为解释变量构建模型。

5.3.1.1 模型建立

为了更好地识别出影响农民有无财产性收入的因素，根据二元 Logistic 模型相关理论，设定模型如下：

$$p_i=\frac{1}{1+e^{-y}i}=\frac{1}{1+e^{-(\alpha+\beta_i)}} \tag{5-1}$$

对上述公式（5-1）进行简单的变形后，可得计量模型的表达方程式，具体如公式（5-2）所示：

$$\ln\left(\frac{p_i}{1-p_i}\right)=\alpha+\beta_1X_1+\beta_2X_2+\cdots+\beta_iX_i \tag{5-2}$$

上述公式（5-2）中，参数 $p_i/1-p_i$ 表示农户有无财产性收入的概率比例，参数 β_iX_i（i=1，2，3，…，i）则表示此次模型服从逻辑分布，参数 $X_1\sim X_i$ 分别表示自变量，即影响农民是否拥有财产性收入的因素。

5.3.1.2 模型显著性检验

为了检测模型设定的正确性，运用 SPSS23.0 数据分析软件对青海东部农业区农民有无财产性收入的 Logistic 模型进行了显著性检验。从表 5-3 模型系数的 Omnibus 检验结果可以看出，回归模型的整体模型检验的卡方值等于 56.454，P=0.00<0.05，说明模型达到了显著水平。从表 5-4 可知，考克斯-斯奈尔 R 方为 0.121，内戈尔科 R 方为 0.228，可以看出，该模型的总体拟合效果较好。

表 5-3　模型系数的 Omnibus 检验

		卡方	自由度	显著性
步骤 1	步骤	56.454	8	0.000
	块	56.454	8	0.000
	模型	56.454	8	0.000

表 5-4 模型摘要

步骤	-2 对数似然	考克斯-斯奈尔 R 方	内戈尔科 R 方
1	274. 569a	0. 121	0. 228

5. 3. 1. 2 模型分析结果

总体拟合度较好，并不能具体说明每一个解释变量对被解释变量的影响情况，为了更加清楚地把握每一个解释变量对被解释变量的影响程度，需要对二元 Logistic 回归结果进行详细分析。

表 5-5 农户有无财产性收入的二元 Logistic 回归结果

变量	B	标准误差	瓦尔德	自由度	显著性	Exp（B）
年龄（X_1）	-0. 020	0. 252	0. 006	1	0. 936	0. 980
家庭总工资性收入（X_3）	0. 000	0. 000	5. 859	1	0. 015	1. 000
风险偏好（X_4）	-0. 220	0. 209	1. 112	1	0. 292	0. 802
家庭劳动力人数（X_5）	2. 051	0. 371	30. 638	1	0. 000	7. 778
受教育程度（X_6）	0. 014	0. 077	0. 032	1	0. 858	1. 014
遵守红绿灯（X_7）	0. 331	0. 256	1. 673	1	0. 196	1. 392
系安全带（X_8）	0. 407	0. 429	0. 901	1	0. 343	1. 502
家庭党员人数（X_9）	0. 477	0. 215	4. 920	1	0. 027	1. 612
常量	-9. 924	1. 930	26. 442	1	0. 000	0. 000

从表 5-5 所显示的二元 Logistic 回归结果可以看出，家庭党员人数、家庭劳动力人数以及家庭总工资性收入显著性数值均小于 0. 05，说明这三个指标对被解释变量的影响是显著的。而风险偏好、受教育程度、遵守红绿灯以及系安全带均对有无财产性收入影响不显著。

对影响显著的指标再进行具体分析。家庭总工资性收入在 5%的显著水平下正向影响有无财产性收入，说明家庭总工资性收入越高，财产的积累量就越多，越能获得财产性收入，即每增加 1 个单位的家庭总工资性收入，有财产性收入的可能性就平均增加 1 倍；家庭劳动力人数的系数回归值为 2. 051，且呈现出 5%水平的显著性，其优势比为 7. 778，说明家庭劳动力人数每增加 1 个单位，有无财产性收入的可能性就平均增加 7.778 倍，也就是说，家庭劳动力人数越多，其财产积累量就可能越多，更有可能获得财产性收入；家庭党员人数对有无财产性收入有着正向的显著性影响，系数回归值为 0.477，说明家庭党员人数每增加 1 人，农民有无财产性收入的可能性就平均增加 0.477 倍。这是因为党员对相关政策理解得更为透彻，且思想较为积极，响应党的政策的执行力更强，会在一定程度上增加获得财产性收入的可能性。虽然与其他指标相比，该指标对农民有无财产性收入的影响不是很高，但回归结果显示，家庭党员人数与农民财产性收入增长还是有一定的相关性。在指标解释中，家庭党员人数其实是反映农民家庭的社会关系状况，以此说明社会关系范围的大小可以影响农民的财产性收入。

综上，农户是否能获得财产性收入，本质上与家庭财产积累量有着显著的关联性，财产积累量越高，农户凭借财产获取收入的可能性便会增加。相反，如果家庭财产积累量较少，农户对财产的使用较为保守，很难将其作为要素投入市场经济运行。而家庭总工资性收入和劳动力人数直接影响着农户家庭的财产积累量，这两个指标在一定程度上对农民财产性收入增长具有“门槛效应”。另外，农户的党员身份会使他们对政策的了解更加清晰透彻，在某种程度上会提高农户获得农民财产性收入的可能性，所以也是影响农民有无财产性收入的一个因素。

5.3.2 财产性收入多少的影响因素分析

从 438 位农户中，剔除无财产性收入的农户，本部分的研究对象为 55 位有财产性收入的农户，而这 55 位农户中，财产性收入最高的农户一年家庭财产性收入为 70000 元，最低的只有 1000 元，两个农户之间相差 69000 元，是什么因素导致两者之间的差距如此大呢？以下部分通过多元线性回归模型，来甄别影响青海东部农业区农民财产性收入多少的因素。

5.3.2.1 模型设立

以被调查对象的人均财产性收入值为被解释变量，以家庭财产拥有量、家庭总工资性收入、风险偏好、农户受教育程度、遵守红绿灯、系安全带、家庭党员人数为解释变量，设定多元线性回归模型，见公式（5-3）。

$$\ln Y=\beta_0+\beta_1X_1+\beta_2X_2+\cdots+\beta_pX_P+\in \tag{5-3}$$

其中 X_1 为家庭财产拥有量，X_2 为家庭总工资性收入，X_3 为风险偏好，X_4 为家庭劳动力人数，X_5 为农户受教育程度，X_6 为遵守红绿灯，X_7 为系安全带，X_8 为家庭党员人数。

5.3.2.2 模型分析结果

通过 SPSS23.0 数据分析软件对 55 位农户的统计数据进行多元线性回归分析，得到的结果见表 5-6。从回归结果可以看出：

（1）从共线性统计量中可知，该模型的容忍度均大于 0.2，其方差膨胀系数均小于 5，说明该模型不存在多重共线性。

（2）从标准化系数的绝对值来看，家庭总工资性收入、家庭财产拥有量、受教育程度、家庭劳动力人数、系安全带、遵守红绿灯、家庭党员人数、风险偏好分别为 0.834、0.335、0.044、0.035、0.024、0.034、0.022、0.001，多元线性回归中，自变量标准化系数越高对因变量的影响越大，也就是说，上述 8 个自变量中，可以看出家庭总工资性收入和家庭财产拥有量对农户财产性收入的多少影响较大。

表 5-6 财产性收入多少回归分析结果

模型	未标准化系数		标准化系数	t	显著性	B 的 95.0% 置信区间		共线性统计	
	B	标准误差	Beta			下限	上限	容差	VIF
常量	0.078	0.286		0.272	0.787	-0.498	0.653		
家庭劳动力人数（X_4）	0.022	0.014	0.035	1.533	0.132	-0.007	0.051	0.847	1.180
受教育程度（X_5）	-0.008	0.004	-0.044	-2.047	0.046	-0.016	0.000	0.962	1.040

续表

模型	未标准化系数		标准化系数	t	显著性	B 的 95.0% 置信区间		共线性统计	
	B	标准误差	Beta			下限	上限	容差	VIF
遵守红绿灯（X_6）	0.008	0.016	0.034	8.532	0.001	-0.039	0.023	0.685	1.461
系安全带（X_7）	0.023	0.024	0.024	14.954	0.045	-0.026	0.072	0.691	1.447
家庭党员人数（X_8）	0.010	0.011	0.022	13.925	0.050	-0.012	0.032	0.773	1.294
风险偏好（X_3）	-0.001	0.012	-0.001	-10.063	0.043	-0.025	0.024	0.796	1.257
家庭财产拥有量（X_1）	0.145	0.011	0.335	13.370	0.000	0.123	0.167	0.707	1.415
家庭总工资性收入（X_2）	0.890	0.026	0.834	34.719	0.000	0.838	0.941	0.769	1.301

a. 因变量：财产性收入取对数

（3）从显著性水平来看，在5%的显著水平下，除了劳动力人数以外，其他变量的显著性值都小于等于0.05，说明除了劳动力人数其余变量都通过了显著性检验。

通过上述分析可以得出线性回归模型为：

$$\ln Y=\beta_0+0.335X_1+0.834X_2-0.001X_3-0.044X_5+0.034X_6+0.024X_7+0.022X_8$$

通过对以上模型的分析，可以得到如下结论。

（1）家庭总工资性收入是农民收入的重要构成。工资性收入的增加必然会带来农民总收入的提高，除了满足基本的生活需求外，还有大量剩余。农民就有可能去购买一些可增值类的财产，诸如理财类金融产品、不动产、汽车等。也有可能将自己的货币收入作为股金入股一些企业等。这样使得农民手中可支配的财产数量及类型越来越多，凭借这些不同财产的不同功能，农民可以获得不同种类的财产收益，直接影响着农民获得的财产性收入的多少。这个结果和实践情况是一致的，据调研，对于青海东部农业区农民来说，能够获得工资性收入的农民，家庭可支配的财产数量和类型越多，农民获取财产性收入的渠道就越多，财产性收入总量越高。相反，没有工资性收入的农民，由于自身占有的家庭财产量较少，也比较单一，获取财产性收入的渠道较少和可能性大大降低。

（2）农户的财产拥有量在很大程度上影响着农民财产性收入的多少。财产性收入的获得首先必须让农民手中有财产，随着经济的发展，尤其是农村“三权”分置改革的深化，农民手中的财产拥有量不断增加，财产类型也不断丰富，这种情况下农民有更多的选择去拓宽自身收入，包括财产性收入的渠道。据调研，青海东部农业区农民在产权改革后，针对农民集体资产有了实实在在的股份，对自己承包土地的使用权有了支配的权利，对宅基地及宅基地上所建设的房屋也有了明确的支配权利。在供给侧结构性改革和乡村振兴战略的实施下，农民大力发展乡村旅游、特色农产品产业、民俗文化类产业，同时也产生了对农村土地、房屋、荒山荒地使用权的需求，这都为农民获取财产性收益提供了现实的机遇。实践中，综合素质较高的部分农民，在伴随各项产业快速发展的同时，将手中的这些土地类要素投入经济运行来获取相应收益，切实提高了财产性收入。但还有一些农民，小农思想根深蒂固，将土地、房屋等作为生活的最后保障，害怕担负风险，不愿意将其作为要素投入经济运行，财产性收入变化并不明显。

（3）农户受教育程度影响着农民财产性收入的多少，但二者的影响关系是反向的。这里实证分析的结果和我们在对各指标解释时的假设一致。农民受教育程度越高，自身能力和素质也就越高，参与市场活动的机会越多及能力越强，在城市或其他行业就业的可能性也就越大，所以获取工资性收入较为容易，而凭借家庭财产来获取收益的可能性反而变小。据调研，由于财产性收入在农民整体收入中的占比很小，农民往往忽视它的存在。伴随农村产权改革的深化，虽然农民手中的财产数量越来越多，但多数农民认为，这种“财产”并不能算是实在的财产，因为不能直接转化成收入。据了解，农民土地承包收益、房屋等租金收入、股份股金收入在数量上非常少，大大降低了农民获取财产性收入的积极性。所以，受教育程度高的农民在家庭收入不是很高的情况下，宁愿外出打工获取工资性收入，也就无暇顾及和探寻财产性收入的获得渠道，甚至放弃财产性收入。

（4）家庭劳动力人数会正向影响农民财产性收入的多少。家庭劳动力人数越多，家庭总收入会增加，农户可以凭借积累的总收入获取利息收入，或者购买更多的财产获取相应收益，或者投资以获取分红等，财产性收入会增加。据调研，在青海东部农业区家庭劳动力人数越多的农户，家庭资产数量相应较多。随着农村乡村旅游等产业的发展，他们将手中的“财产”使用权提供给企业或者政府，获得了相应的财产性收入。

（5）道德素质与农民财产性收入正向相关。道德素质越高，在市场体系运行中遵守市场规则的可能性越大，获取收入的可能性越大。据调研，青海东部农业区农民道德素质与之前相比普遍较高，遵循各项规则的意识增强。

（6）政治因素与农民财产性收入具有正向影响关系。家庭党员人数越多，说明该家庭成员政治意识越强，接受党的教育次数也越多，对党的政策方针了解得也越彻底，响应党的号召的可能性越大，财产投入以获取收益的可能性越大，获取财产性收入的可能性就越大。据调研，农村党员在各项政策实施过程中起着很重要的作用。他们对政策的把握较为准确，而且能够根据所在农村的具体情况作出准确判断，往往在参与产业发展或者农业项目中起着模范带头作用，故而获取财产性收入可能性更大。

（7）风险偏好与农民财产性收入负相关。如果农民认为风险越大，农民参与市场活动的积极性越弱，将财产作为要素投入市场的可能性越小，获取财产性收入的可能性越小。相反，如果农民认为风险越小，那么将“财产”类要素投入市场的可能性越大，获取财产性收入的可能性就越大。

5.4　农民财产性收入影响因素的主成分分析

5.4.1　指标选取

该部分主要是对上一部分所甄别出的影响财产性收入的指标进行主成分分析，通过聚类提取和判断影响青海东部农业区农民财产性收入的主要影响因素。为了减少指标间的差异，需要对数据进行无量纲化处理，对家庭财产拥有量、家庭总工资性收入以及农户受教育程度等三个指标，按照一定标准进行赋值，具体定义如表 5-7 所示：

表 5-7　解释变量赋值定义

变量	符号	变量定义
财产拥有量	X_2	4 万以下=1；4 万~6 万=2；6 万~8 万=3；8 万以上=4
家庭总工资性收入	X_3	3 万以下=1；3 万~5 万=2；5 万~7 万=3；7 万以上=4
风险偏好	X_4	高风险=1；较高风险=2；一般风险=3；低风险=4；没有风险=5
遵守红绿灯	X_7	总是遵守=1；偶尔不遵守=2；看情况=3；偶尔能遵守=4
系安全带	X_8	系=1；看情况=2；不系=3
家庭党员人数	X_9	家中无党员=1；家中有 1 名党员=2；家中有 2 名党员=3；家中有 3 名或 3 名以上党员=4
农户受教育程度	X_6	初中及以下=1；高中/中专=2；大专=3；本科及上=4

5.4.2　实证分析过程及结果

5.4.2.1　主成分分析的意义以及数学模型

主成分分析就是利用降维的思想，在较少的变量且不丢失原有信息的前提下对原始数据通过线性变换，将变量转换为两两线性无关的变量并对其进行描述。

在进行线性变换过程中，基于原始数据总方差不变的情况，对新得到的变量按照方差大小进行排序，选取排序较靠前的指标，使其累计方差贡献率达到一定的水平，则认为这几个主成分能够对原始数据的大部分信息进行解释。其数学模型为：

$$\chi_1=a_{11}f_1+a_{12}f_2+a_{13}f_3+\cdots+a_{1k}f_k+\varepsilon_1$$

$$\chi_2=a_{21}f_1+a_{22}f_2+a_{23}f_3+\cdots+a_{2k}f_k+\varepsilon_2$$

$$\chi_3=a_{31}f_1+a_{32}f_2+a_{33}f_3+\cdots+a_{3k}f_k+\varepsilon_3$$

$$\cdots$$

$$\chi_p=a_{p1}f_1+a_{p2}f_2+a_{p3}f_3+\cdots+a_{pk}f_k+\varepsilon_p$$

5.4.2.2 主成分分析的步骤

（1）判断主成分分析的前提条件是否满足

使用主成分分析法进行信息浓缩研究，首先要分析研究数据是否适合进行主成分分析。将样本数据输入 SPSS23.0 统计分析软件，对其进行 KMO 和 Bartlett 的检验，可以得到表 5-8 的结果。

表 5-8 KMO 和 Bartlett 的检验

KMO 值		0.553
Bartlett 球形度检验	近似卡方	118.280
	df	28
	p 值	0.000

从表 5-8 可以看出：检验结果中 KMO 值为 0.553，大于 0.5，说明满足主成分分析 KMO 值大于 0.5 的基本要求，可以对样本数据进行主成分分析。

（2）提取主成分

对调研所获取的原始数据，运用软件 SPSS23.0 进行处理，并采用主成分分析法提取主成分。对于提取结果，按照特征值大于 1 或累计方差贡献率大于 85%的原则确定主成分。最后软件按照特征值大于 1 的原则选取了 3 个主成分，如表 5-9 所示，从表中可以明确看出列出来的 3 个主成分的特征值。

表 5-9 方差解释率表格

编号	特征根			主成分提取		
	特征根	方差解释率%	累积%	特征根	方差解释率%	累积%
1	2.318	28.973	28.973	2.318	28.973	28.973
2	1.675	20.939	49.912	1.675	20.939	49.912
3	1.125	14.062	63.975	1.125	14.062	63.975
4	0.880	10.998	74.972	—	—	—
5	0.778	9.727	84.700	—	—	—
6	0.638	7.980	92.679	—	—	—
7	0.481	6.012	98.692	—	—	—
8	0.105	1.308	100.000	—	—	—

仅从提取出的 3 个公因子，还不能准确地判断每一个公因子的具体情况，无法识别影响财产性收入的直接因素。为了可以方便分析主成分所能解释的实际问题，需要旋转载荷值矩阵，如表 5-10 所示。

表 5-10 载荷系数表格

名称	载荷系数			共同度（公因子方差）
	主成分 1	主成分 2	主成分 3	
X_2（财产拥有量）	0.926	−0.181	0.031	0.891
X_3（家庭总工资性收入）	0.872	−0.202	−0.105	0.812
X_8（系安全带）	0.364	0.609	−0.260	0.571
X_9（家庭党员人数）	−0.178	−0.632	−0.326	0.537
X_7（遵守红绿灯）	0.070	0.767	−0.108	0.605
X_4（风险偏好）	−0.346	0.386	0.440	0.462
X_6（受教育程度）	−0.042	−0.280	0.728	0.611

从表 5-10 可以看出，财产拥有量、家庭总工资性收入两个指标在第一成分上的载荷系数较大，可命名为经济因素 F1；系安全带、家庭党员人

数以及遵守红绿灯在第二主成分上的载荷系数绝对值较大，可命名为道德素质因素 F2；风险偏好与受教育程度在第三主成分上的载荷系数较大，可以命名为风险因素 F3。各成分得分系数矩阵如表 5-11 所示。

表 5-11　各成分得分系数矩阵

名称	成分		
	F1	F2	F3
X_2（财产拥有量）	0. 399	−0. 108	0. 028
X_3（家庭总工资性收入）	0. 376	−0. 121	−0. 093
X_8（系安全带）	0. 157	0. 364	−0. 231
X_9（家庭党员人数）	−0. 077	−0. 377	−0. 290
X_7（遵守红绿灯）	0. 030	0. 458	−0. 096
X_4（风险偏好）	−0. 149	0. 230	0. 391
X_6（受教育程度）	−0. 018	−0. 167	0. 647

5. 4. 2. 3　计算各因子得分

为了判断各因素的重要程度或者影响程度，需要计算各因子得分。

（1）根据各成分得分系数矩阵（表 5-11），建立成分得分模型：

F1 = 0. 399 × X_2（财产拥有量）+ 0. 376 × X_3（家庭总工资性收入）+ 0. 157×X_8（系安全带）−0. 077×X_9（家庭党员人数）+0. 030×X_7（遵守红绿灯）−0. 149×X_4（风险偏好）−0. 018×X_6（受教育程度）；

F2 = −0. 108 × X_2（财产拥有量）− 0. 121 × X_3（家庭总工资性收入）+ 0. 364×X_8（系安全带）−0. 377×X_9（家庭党员人数）+0. 458×X_7（遵守红绿灯）+0. 230×X_4（风险偏好）−0. 167×X_6（受教育程度）；

F3 = 0. 028 × X_2（财产拥有量）− 0. 093 × X_3（家庭总工资性收入）− 0. 231×X_8（系安全带）−0. 290×X_9（家庭党员人数）−0. 096×X_7（遵守红绿灯）+0. 391×X_4（风险偏好）+0. 647×X_6（受教育程度）。

（2）将赋值数据带入主成分得分模型，然后以各主成分的方差贡献率作为权数计算青海省东部农业区农民财产性收入综合测评得分，其公式为：

$$得分=0.29/(0.29+0.21+0.14)F1+0.21/(0.29+0.21+0.14)F2+0.14/(0.29+0.21+0.14)F3 \quad (5-4)$$

（3）各成分得分计算结果，如表 5-12 所示。

表 5-12 各指标综合得分状态

名称	F1	F2	F3	综合得分系数	排名
X_2（财产拥有量）	0.6080	0.1397	0.0294	0.3275	2
X_3（家庭总工资性收入）	0.5727	0.1561	0.0985	0.3321	1
X_8（系安全带）	0.2390	0.4705	0.2450	0.3161	3
X_9（家庭党员人数）	0.1167	0.4885	0.3072	0.2803	5
X_7（遵守红绿灯）	0.0460	0.5928	0.1022	0.2916	4
X_4（风险偏好）	0.2272	0.2983	0.4144	0.2374	6
X_6（受教育程度）	0.0278	0.2167	0.6867	0.2345	7

（4）评价结果分析

指标综合得分越高，表明该因子对青海省东部农业区的农民财产性收入的影响越大，相反，综合得分越低，表明该因子对农民财产性收入的影响越小。

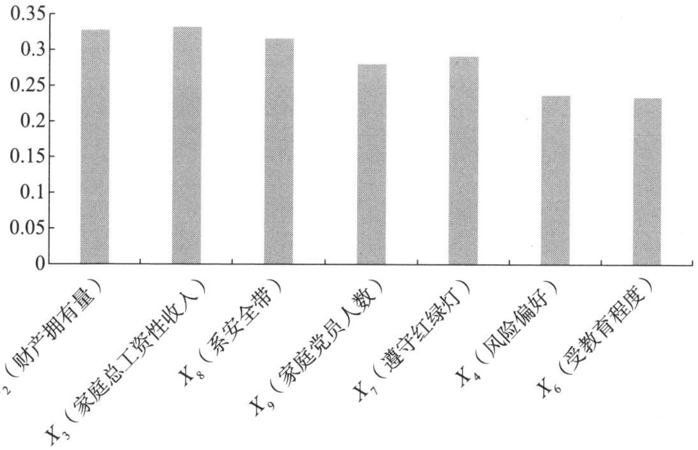

图 5-3 青海省东部农业区农民财产性收入综合得分情况

结合表 5-12 及图 5-3 的评价结果可以看出，财产拥有量和家庭总工资性收入的综合得分较高，风险偏好和受教育程度的综合得分较低，系安全带、遵守红绿灯、家庭党员人数的综合得分居中。从中也可以看出经济因素对青海东部农业区农民财产性收入影响最大，道德素质因素次之，风险因素影响相对较小。

5.5 基于灰色关联度的财产性收入影响因素排序分析

为了保证实证分析结果的准确性，在运用主成分分析方法分析青海东部农业区农民财产性收入影响因素的基础上，再选择采用灰色关联度分析方法，通过指标排序的方法再次甄别影响因素，同时与主成分分析结果进行对比印证。

5.5.1 灰色关联度方法介绍

灰色关联度分析法是一种以各因素样本数据为依据的多因素统计分析方法，该方法主要用来描述因素间关系的强弱、大小和次序，若样本数据反映出的两因素变化的态势（方向、大小和速度等）基本一致，则它们之间的关联度较大；反之，关联度较小。

5.5.2 灰色关联度分析步骤

灰色关联度分析是灰色系统理论中用于描述两个（或多个）事物之间相关联程度大小的一种分析方法。通过揭示影响系统发展的重要因素间关联度的大小，明确系统的发展态势。灰色关联度计算步骤如下：

第一，设定参考序列和比较序列，本研究以农民财产性收入的多少为参考序列，分别以年龄、财产拥有量、农民家庭总工资性收入、风险偏好、农户受教育程度、遵守红绿灯、系安全带、家庭党员人数等为比较序列。

选取家庭财产拥有量、家庭总工资性收入、风险偏好、农户受教育程度、遵守红绿灯、系安全带、家庭党员人数等 7 个指标，而指标的具体含义在第一部分中已详细介绍，在此不做赘述。

第二，对原始数据进行无量纲化处理。由于本文数据中存在虚拟变量，不能依靠灰色关联度模型第一步进行量纲消除，因此依据前人的方法进行修正，然后采用初值化的方式对所有数据进行无量纲化处理，其公式为：

$$X'_i=\frac{x_i}{x_{i1}}\text{，其中 } i=1,\ 2,\ 3,\ \cdots,\ m \tag{5-5}$$

第三，计算比较序列与参考序列的绝对差值，其公式为：

$$\Delta_i(k)=|x'_0(k)-x'_1(k)|\text{，其中 } i=1,\ 2,\ 3,\ \cdots,\ m,\ k=1,\ 2,\ 3,\ \cdots,\ n \tag{5-6}$$

第四，计算灰色关联系数，灰色关联系数的计算公式如下：

$$\gamma(x_0(k),\ x_1(k))=\frac{\min_i\min_k\Delta_i(k)+\xi\max_i\max_k\Delta_i(k)}{\Delta_i(k)+\xi\max_i\max_k\Delta_i(k)} \tag{5-7}$$

其中 ξ 为分辨率系数，是一项常数，其取值范围一般为（0，1），通常情况下 ξ 取值 0.5，$i=1,\ 2,\ 3,\ \cdots,\ m$，$k=1,\ 2,\ 3,\ \cdots,\ n$。

第五，计算灰色关联度，其公式为：

$$\gamma(x_0,\ x_i)=\frac{1}{n}\sum_{k=1}^{n}\gamma(x_0(k),\ x_i(k)),$$

$$\text{其中 } i=1,\ 2,\ 3,\ \cdots,\ m,\ k=1,\ 2,\ 3,\ \cdots,\ n \tag{5-8}$$

5.5.3 数据测算过程

（1）原始数据初值化

对原始数据进行修正及无量纲化处理，结果如表 5-13 所示。

表 5-13　财产性收入影响指标的无量纲化

	1	2	3	4	5	6	7	8	9	10	11
X_0	1.000	1.000	0.750	0.500	1.000	1.000	1.000	0.750	1.000	1.000	0.500
X_2（财产拥有量）	1.000	1.000	1.000	1.000	1.000	0.750	0.750	0.750	1.000	1.000	0.750
X_3（家庭总工资性收入）	1.000	1.000	1.000	1.000	0.750	0.750	0.750	0.750	0.750	0.750	0.750
X_7（遵守红绿灯）	1.000	1.000	1.000	1.000	1.000	1.000	3.000	2.000	1.000	2.000	1.000
X_8（系安全带）	1.000	0.500	0.500	0.500	1.000	0.500	0.500	1.500	1.000	0.500	0.500
X_9（家庭党员人数）	1.000	2.000	2.000	2.000	1.000	1.000	1.000	1.000	1.000	1.000	1.000
X_4（风险偏好）	1.000	2.000	2.000	1.000	1.000	1.000	1.000	1.000	2.000	2.000	1.000
X_6（受教育程度）	1.000	3.000	1.000	3.000	1.000	3.000	1.000	3.000	4.000	3.000	3.000

	12	13	14	15	16	17	18	19	20	21	22
X_0	0.750	0.750	0.750	0.750	0.750	0.500	0.500	0.500	0.500	0.500	0.250
X_2（财产拥有量）	0.750	0.750	0.750	0.750	0.750	0.750	0.750	0.750	0.750	0.750	0.750
X_3（家庭总工资性收入）	0.750	0.750	0.750	0.750	0.750	0.750	0.750	0.750	0.750	0.750	0.750
X_7（遵守红绿灯）	1.000	1.000	1.000	1.000	1.000	1.000	1.000	1.000	1.000	4.000	1.000
X_8（系安全带）	0.500	0.500	0.500	0.500	0.500	0.500	0.500	0.500	0.500	0.500	0.500
X_9（家庭党员人数）	2.000	2.000	1.000	2.000	1.000	2.000	2.000	4.000	2.000	1.000	1.000
X_4（风险偏好）	2.000	2.000	1.000	2.000	2.000	2.000	2.000	1.000	2.000	3.000	1.000
X_6（受教育程度）	4.000	3.000	3.000	1.000	4.000	1.000	3.000	1.000	1.000	3.000	1.000

	23	24	25	26	27	28	29	30	31	32	33
X_0	0.250	1.000	1.000	0.500	0.750	0.500	0.500	0.500	0.500	0.500	0.250
X_2（财产拥有量）	0.500	0.750	0.750	0.500	0.500	0.500	0.500	0.500	0.500	0.500	0.500
X_3（家庭总工资性收入）	0.750	0.750	0.750	0.750	0.500	0.500	0.500	0.500	0.500	0.500	0.500
X_7（遵守红绿灯）	1.000	1.000	1.000	1.000	1.000	1.000	1.000	1.000	1.000	1.000	1.000
X_8（系安全带）	0.500	0.500	0.500	0.500	0.500	0.500	0.500	0.500	0.500	0.500	0.500
X_9（家庭党员人数）	2.000	2.000	3.000	3.000	2.000	3.000	1.000	1.000	1.000	1.000	3.000
X_4（风险偏好）	1.000	1.000	1.000	1.000	1.000	2.000	2.000	1.000	3.000	1.000	1.000
X_6（受教育程度）	1.000	3.000	3.000	3.000	3.000	1.000	3.000	3.000	1.000	1.000	3.000

续表

	34	35	36	37	38	39	40	41	42	43	44
X_0	0.500	0.500	1.000	0.750	0.750	0.500	0.500	0.500	0.250	0.500	1.000
X_2（财产拥有量）	0.500	0.500	0.500	0.500	0.500	0.500	0.500	0.500	0.500	0.250	0.500
X_3（家庭总工资性收入）	0.500	0.500	0.500	0.500	0.500	0.500	0.500	0.500	0.500	0.500	0.500
X_7（遵守红绿灯）	1.000	1.000	1.000	1.000	1.000	1.000	3.000	1.000	1.000	1.000	1.000
X_8（系安全带）	0.500	0.500	0.500	0.500	0.500	0.500	1.000	0.500	0.500	0.500	0.500
X_9（家庭党员人数）	4.000	1.000	1.000	1.000	2.000	2.000	1.000	2.000	3.000	1.000	2.000
X_4（风险偏好）	1.000	1.000	1.000	2.000	2.000	1.000	3.000	2.000	1.000	2.000	2.000
X_6（受教育程度）	3.000	4.000	3.000	1.000	1.000	3.000	1.000	3.000	3.000	3.000	1.000
	45	46	47	48	49	50	51	52	53	54	55
X_0	0.500	0.500	0.500	0.500	0.500	0.500	0.500	0.250	1.000	0.500	0.500
X_2（财产拥有量）	0.250	0.250	0.250	0.250	0.250	0.250	0.250	0.250	0.250	0.250	0.250
X_3（家庭总工资性收入）	0.500	0.500	0.500	0.500	0.500	0.500	0.500	0.500	0.250	0.250	0.250
X_7（遵守红绿灯）	1.000	1.000	3.000	1.000	1.000	1.000	2.000	1.000	1.000	2.000	1.000
X_8（系安全带）	0.500	0.500	1.000	0.500	0.500	0.500	1.000	0.500	0.500	0.500	0.500
X_9（家庭党员人数）	1.000	1.000	1.000	1.000	1.000	1.000	2.000	4.000	2.000	1.000	2.000
X_4（风险偏好）	1.000	3.000	2.000	3.000	2.000	2.000	1.000	3.000	4.000	2.000	1.000
X_6（受教育程度）	1.000	3.000	1.000	3.000	3.000	1.000	1.000	3.000	3.000	3.000	3.000

（2）计算比较数列和参考数列的绝对差值

运用公式（5-6）求出比较数列和参考数列的绝对差值，结果如表 5-14 所示：

表 5-14　参考序列和比较序列的差序列

	1	2	3	4	5	6	7	8	9	10	11
X_2（财产拥有量）	0	0.496	0.041	0.496	0.053	0.118	0.383	0.926	0.543	0.749	0.519
X_3（家庭总工资性收入）	0	0.538	0.045	0.538	0.058	0.128	0.417	1.006	0.590	0.814	0.564
X_7（遵守红绿灯）	0	0.538	0.162	0.738	0.458	0.362	0.450	1.123	1.123	0.931	0.031

续表

	1	2	3	4	5	6	7	8	9	10	11
X_8（系安全带）	0	0.538	0.038	0.538	0.058	0.038	0.250	0.923	0.923	0.731	0.231
X_9（家庭党员人数）	0	0.538	0.038	0.538	0.058	0.038	0.250	0.923	0.923	0.731	0.231
X_4（风险偏好）	0	0.462	2.038	0.462	0.942	2.038	0.750	0.077	0.077	1.269	1.231
X_6（受教育程度）	0	0.538	0.462	0.538	0.058	0.038	0.750	1.423	0.923	1.231	0.269
	12	13	14	15	16	17	18	19	20	21	22
X_2（财产拥有量）	0.035	0.038	0.389	0.106	0.345	0.696	0.012	0.118	0.142	0.389	0.271
X_3（家庭总工资性收入）	0.038	0.041	0.423	0.115	0.374	0.756	0.013	0.128	0.154	0.423	0.295
X_7（遵守红绿灯）	0.362	0.308	0.223	0.215	0.108	1.123	0.746	0.162	0.154	0.023	0.162
X_8（系安全带）	0.038	0.308	0.423	0.615	0.308	0.923	0.346	0.038	0.154	0.423	0.038
X_9（家庭党员人数）	0.038	0.308	0.423	0.615	0.308	0.923	0.346	0.038	0.154	0.423	0.038
X_4（风险偏好）	1.038	0.308	1.423	0.615	0.308	0.923	0.654	0.038	0.154	3.423	1.038
X_6（受教育程度）	0.038	0.192	0.423	0.615	0.192	1.423	0.346	0.038	0.654	0.077	0.462
	23	24	25	26	27	28	29	30	31	32	33
X_2（财产拥有量）	0.382	0.106	0.083	0.116	0.566	0.425	0.696	2.542	4.328	0.802	0.802
X_3（家庭总工资性收入）	0.415	0.115	0.090	0.126	0.615	0.462	0.756	2.763	4.703	0.872	0.872
X_7（遵守红绿灯）	0.615	0.215	0.423	0.308	0.215	0.362	1.323	2.779	4.969	0.938	0.938
X_8（系安全带）	0.615	1.615	0.423	0.308	0.615	0.038	1.077	2.846	3.769	0.538	0.538
X_9（家庭党员人数）	0.615	1.615	0.423	0.308	0.615	0.038	0.923	1.846	4.769	0.538	0.538
X_4（风险偏好）	3.615	1.615	1.423	0.308	1.615	0.038	0.923	2.846	4.769	0.538	0.462
X_6（受教育程度）	0.115	0.115	0.423	0.308	0.615	0.462	1.423	2.846	4.769	0.538	0.538
	34	35	36	37	38	39	40	41	42	43	44
X_2（财产拥有量）	0.006	0.743	0.047	0.578	1.817	2.194	1.156	11.314	11.161	0.342	0.071
X_3（家庭总工资性收入）	0.006	0.808	0.051	0.628	1.974	2.385	1.256	12.295	12.128	0.372	0.077
X_7（遵守红绿灯）	0.073	0.408	0.415	0.162	1.508	2.285	1.123	12.862	12.862	0.738	0.023
X_8（系安全带）	2.327	0.808	0.615	1.038	1.308	1.885	0.923	12.462	12.462	0.462	2.423
X_9（家庭党员人数）	1.327	0.808	0.615	0.038	1.308	1.885	0.923	11.462	11.462	1.462	1.423
X_4（风险偏好）	0.327	0.808	1.615	0.038	0.308	0.885	0.923	12.462	12.462	0.538	0.423
X_6（受教育程度）	0.827	0.308	0.115	0.038	0.308	1.885	1.423	12.962	12.962	1.038	0.423

续表

	45	46	47	48	49	50	51	52	53	54	55
X_2（财产拥有量）	0.071	0.071	0.425	0.413	0.555	0.401	0.236	0.212	0.236	0.611	0.566
X_3（家庭总工资性收入）	0.077	0.077	0.462	0.449	0.603	0.436	0.256	0.231	0.256	0.664	0.615
X_7（遵守红绿灯）	0.223	0.223	0.162	0.215	0.569	0.569	0.223	0.531	0.023	0.331	0.415
X_8（系安全带）	0.423	0.423	0.038	0.615	0.769	0.769	0.423	0.731	0.423	0.731	3.615
X_9（家庭党员人数）	0.423	0.423	0.038	0.615	0.769	0.769	0.423	0.731	0.423	0.731	0.615
X_4（风险偏好）	0.423	0.423	0.038	0.615	2.769	2.769	0.423	3.731	0.423	1.731	0.615
X_6（受教育程度）	0.923	0.423	0.538	0.115	0.269	0.269	0.077	1.231	0.923	0.231	1.115

（3）计算灰色关联系数

本文分辨率系数 ξ 取 0.5，运用公式（5-7）求出各指标与农民财产性收入的灰色关联系数，如表 5-15 所示。

表 5-15　各指标灰色关联系数

	1	2	3	4	5	6	7	8	9	10	11
X_2（财产拥有量）	0.000	0.000	0.250	0.500	0.000	0.250	0.250	0.000	0.000	0.000	0.250
X_3（家庭总工资性收入）	0.000	0.000	0.250	0.500	0.250	0.250	0.250	0.000	0.250	0.250	0.250
X_7（遵守红绿灯）	0.000	0.000	0.250	0.500	0.000	0.000	2.000	1.250	0.000	1.000	0.500
X_8（系安全带）	0.000	0.500	0.250	0.000	0.000	0.500	0.500	0.750	0.000	0.500	0.000
X_9（家庭党员人数）	0.000	1.000	1.250	1.500	0.000	0.000	0.000	0.250	0.000	0.000	0.500
X_4（风险偏好）	0.000	1.000	1.250	0.500	0.000	0.000	0.000	0.250	1.000	1.000	0.500
X_6（受教育程度）	0.000	2.000	0.250	2.500	0.000	2.000	0.000	2.250	3.000	2.000	2.500
	12	13	14	15	16	17	18	19	20	21	22
X_2（财产拥有量）	0.000	0.000	0.000	0.000	0.000	0.250	0.250	0.250	0.250	0.250	0.500
X_3（家庭总工资性收入）	0.000	0.000	0.000	0.000	0.000	0.250	0.250	0.250	0.250	0.250	0.500
X_7（遵守红绿灯）	0.250	0.250	0.250	0.250	0.250	0.500	0.500	0.500	0.500	3.500	0.750
X_8（系安全带）	0.250	0.250	0.250	0.250	0.250	0.000	0.000	0.000	0.000	0.000	0.250
X_9（家庭党员人数）	1.250	1.250	0.250	1.250	0.250	1.500	1.500	3.500	1.500	0.500	0.750
X_4（风险偏好）	1.250	1.250	0.250	1.250	1.250	1.500	1.500	0.500	1.500	2.500	0.750
X_6（受教育程度）	3.250	2.250	2.250	0.250	3.250	0.500	2.500	0.500	0.500	2.500	0.750

续表

	23	24	25	26	27	28	29	30	31	32	33
X_2（财产拥有量）	0.250	0.250	0.250	0.000	0.250	0.000	0.000	0.000	0.000	0.000	0.250
X_3（家庭总工资性收入）	0.500	0.250	0.250	0.250	0.250	0.000	0.000	0.000	0.000	0.000	0.250
X_7（遵守红绿灯）	0.750	0.000	0.000	0.500	0.250	0.500	0.500	0.500	0.500	0.500	0.750
X_8（系安全带）	0.250	0.500	0.500	0.000	0.250	0.000	0.000	0.000	0.000	0.000	0.250
X_9（家庭党员人数）	1.750	1.000	2.000	2.500	1.250	2.500	0.500	0.500	0.500	0.500	2.750
X_4（风险偏好）	0.750	0.000	0.000	0.500	0.250	1.500	1.500	0.500	2.500	0.500	0.750
X_6（受教育程度）	0.750	2.000	2.000	2.500	2.250	0.500	2.500	2.500	0.500	0.500	2.750

	34	35	36	37	38	39	40	41	42	43	44
X_2（财产拥有量）	0.000	0.000	0.500	0.250	0.250	0.000	0.000	0.000	0.250	0.250	0.500
X_3（家庭总工资性收入）	0.000	0.000	0.500	0.250	0.250	0.000	0.000	0.000	0.250	0.000	0.500
X_7（遵守红绿灯）	0.500	0.500	0.000	0.250	0.250	0.500	2.500	0.500	0.750	0.500	0.000
X_8（系安全带）	0.000	0.000	0.500	0.250	0.250	0.000	0.500	0.000	0.250	0.000	0.500
X_9（家庭党员人数）	3.500	0.500	0.000	0.250	1.250	1.500	0.500	1.500	2.750	0.500	1.000
X_4（风险偏好）	0.500	0.500	0.000	1.250	1.250	0.500	2.500	1.500	0.750	1.500	1.000
X_6（受教育程度）	2.500	3.500	2.000	0.250	0.250	2.500	0.500	2.500	2.750	2.500	0.000

	45	46	47	48	49	50	51	52	53	54	55
X_2（财产拥有量）	0.250	0.250	0.250	0.250	0.250	0.250	0.250	0.000	0.750	0.250	0.250
X_3（家庭总工资性收入）	0.000	0.000	0.000	0.000	0.000	0.000	0.000	0.250	0.750	0.250	0.250
X_7（遵守红绿灯）	0.500	0.500	2.500	0.500	0.500	0.500	1.500	0.750	0.000	1.500	0.500
X_8（系安全带）	0.000	0.000	0.500	0.000	0.000	0.000	0.500	0.250	0.500	0.000	0.000
X_9（家庭党员人数）	0.500	0.500	0.500	0.500	0.500	0.500	1.500	3.750	1.000	0.500	1.500
X_4（风险偏好）	0.500	2.500	1.500	2.500	1.500	1.500	0.500	2.750	3.000	1.500	0.500
X_6（受教育程度）	0.500	2.500	0.500	2.500	2.500	0.500	0.500	2.750	2.000	2.500	2.500

（4）计算灰色关联度

运用公式（5-8）可以计算得到各指标与农民财产性收入的灰色关联度，如表 5-16 所示。

表 5-16 影响因素指标灰色关联度排名

影响因素	变量名	与 X_0 之间的灰色关联度	排名
财产拥有量	X_2	0. 921740179	2
家庭总工资性收入	X_3	0. 926468578	1
遵守红绿灯	X_7	0. 794975197	4
系安全带	X_8	0. 918925656	3
家庭党员人数	X_9	0. 69506346	5
风险偏好	X_4	0. 687828556	6
受教育程度	X_6	0. 588836205	7

根据表 5-16 所列出的各指标与农民财产性收入的灰色关联度数值，可以对青海东部农业区农民财产性收入各影响指标按照关联度大小进行排序，得到如下结果：家庭总工资性收入>财产拥有量>系安全带>遵守红绿灯>家庭党员人数>风险偏好>受教育年限。这个结果与主成分分析结果一致。排在前两位的是经济因素，其反映指标为 X_3、X_2，最后为风险因素，其反映指标为 X_4、X_6，介于二者之间的为道德素质因素，其反映指标为 X_8、X_7、X_9。

5.6 因素分析

综合以上回归分析、主成分分析、灰色关联度分析的结果，对影响青海东部农业区农民财产性收入的影响因素总结如下：

（1）经济因素

经济发展是一个地区各方面综合发展的基础。经济水平越高，该地区基础设施建设越健全，教育水平越高，居民素质也越高，能够为居民提供更多的就业机会，增加工资性收入，进而增加居民手中的财产拥有量，居民手中的财产拥有量越多，越有可能将其投入市场经济运行中以获取收益，但需要通过市场体系的构建和完善，为居民提供公平合理的市场环境，为居民手中的“财产”转变为市场要素提供更多的机会，进而增加财产性收入。农村地区的发展也是如此，要提升青海东部农业区农民财产性收入水平，首先要想办法提升该地区的经济发展水平，以提升农民的工资性收入和财产拥有量。从实证分析结果来看，经济因素确实是青海东部农业区影响农民财产性收入的主要因素。

表 5-17 青海省与东部农业区 GDP 及东部农业区 GDP 比重

年份	青海省 GDP（亿元）	东部农业区 GDP（亿元）	东部农业区 GDP 比重（%）
2010	1144. 2	319. 245	0. 279011536
2011	1370. 4	394. 635	0. 287970665
2012	1528. 5	450. 620	0. 294811907
2013	1713. 3	532. 875	0. 311022588
2014	1847. 7	585. 995	0. 317148347
2015	2011. 0	636. 450	0. 316484336
2016	2258. 2	718. 905	0. 318353113
2017	2465. 1	789. 545	0. 320289238
2018	2748. 0	856. 160	0. 311557496
2019	2941. 1	907. 775	0. 308651525
2020	3009. 8	943. 790	0. 313572330

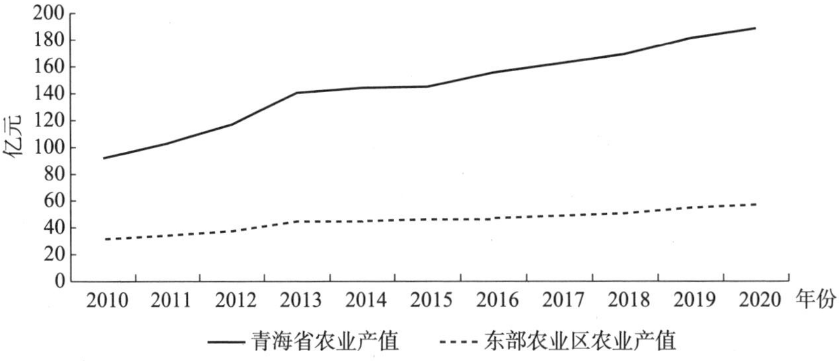

图 5-4 青海省及东部农业区农业产值变化趋势

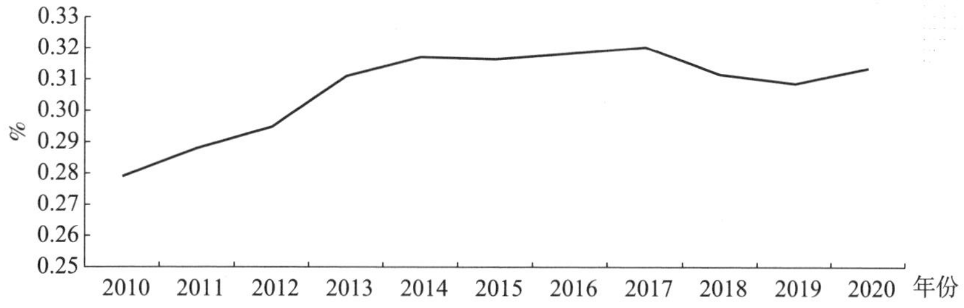

图 5-5 青海东部农业区地区产值占青海省总产值的比重变化情况

从图 5-4 和图 5-5 可以看出青海东部农业区伴随青海省经济的快速增长，地区产值也出现逐步增加的趋势。但从变化趋势来看，增速较为缓慢，表现在图形中是一条相对平滑的曲线（见图 5-4）。从占比来看，青海东部农业区地区产值占青海省总产值的比重维持在 30%左右，而且出现先增加后减少的倒“U”型特征。从侧面反映出青海东部农业区经济发展相对较慢。随着乡村振兴战略的提出和一系列巩固脱贫攻坚成果与乡村有效衔接的政策措施的出台，青海东部农业区经济发展还有非常大的空间，也将成为助推农民财产性收入增长的重要力量。

（2）道德素质因素

道德素质是一个人基本诚信的体现。市场经济条件下，农民财产性收入的提高，需要农民将自己的财产作为要素投入市场，以获取相应的收益，如将资金作为股份投资于企业或合作社，将货币资金存入银行获取利息，将土地使用权出租或流转给企业或合作社以获取分红等。在这个过程中，农民将成为重要的市场主体。农民道德素质越高，参与市场的行为越规范，市场体系运行越顺畅，农民获取财产性收入的可能性就越大，反之，若农民道德素质较低，作为市场主体不遵守规则，这种参与市场的行为反而会阻碍市场的正常运行，影响收益的获取，得到财产性收入的可能性就越小。据调研，青海东部农业区农民的道德素质总体处于中等水平，但要完全适应现代化的市场体系运行还有一定的差距。可以通过专题培训、政策宣讲、交流学习等方式逐步改变农民的道德素质水平，进一步提升农民获取财产性收入的可能性。

（3）风险因素

在现代市场经济条件下，任何参与市场的行为都是有风险的。农民的文化水平普遍较低，识别和抵御经济风险的能力较弱，所以一般而言农民的风险意识较强。如果农民主观认为其参与经济行为的风险较大，便会放弃参与市场行为的机会，宁可将财产保留在手中也不愿意去获取带有高风险的收益。所以，在农民看来，能够保值是他们经济行为选择的最低标准。据了解，青海东部农业区农民对于投资基本持保守态度，加上小农思想的影响，农户更愿意将财产保留在手中，作为财富的代表为自己解除后顾之忧。主要是因为农民没有固定的收入来源，财产作为最后的生活保障是农民最基本的“救命稻草”，所以，要激励农民将手中的财产用于投资，首先要解决农民的后顾之忧，降低农民的投资风险。

5.7　本章小结

本章分析了有无财产性收入的影响因素、影响财产性收入多少的因素，以及通过主成分分析方法和灰色关联度分析方法，甄别出了哪些因素对农民财产性收入的影响程度较高，哪些因素对农民财产性收入影响程度较低。其中家庭总工资性收入、家庭劳动力人数以及家庭党员人数影响着农户有无财产性收入；家庭总工资性收入、家庭财产拥有量等变量影响农户财产性收入多少。主成分分析与关联度分析结果显示：经济因素对青海东部农业区农民财产性收入影响最大，道德素质因素次之，风险因素影响相对较小。通过研究分析发现，青海东部农业区农户要获得财产性收入并在此基础上增加财产性收入，其决定性因素在于农户手中拥有较高的财产积累量、较高的受教育程度以及良好的政治关系等。

6

乡村振兴背景下青海东部农业区农民财产性收入增长的保障机制

第 5 章通过多元回归分析、主成分分析、灰色关联度分析等实证分析方法，对青海东部农业区农民财产性收入的影响因素进行了甄别与分析，发现目前影响农民财产性收入的主要因素包括经济发展因素、道德素质因素、风险因素。说明该地区经济发展状况越好，农民的道德素质越高，农民投资的风险越小，农民财产性收入将越高。而这些因素是相互影响、彼此制约的，在乡村振兴战略逐步实施背景下，尤其是一些针对少数民地区的政策的实施和推行，将会给青海东部农业区经济发展带来新的机遇，但同时也需要各项制度的完善和健全来提升该地区农民整体素质和推动影响财产性收入的各要素之间形成良性的互动机制。所以，需要从多角度、多视角对农民财产性收入的保障机制进行构建，以实现财产性收入的持续增长。

6.1 构建原则

6.1.1 客观性原则

客观性原则要求在构建保障机制时要切实结合青海东部农业区的发展实际。具体而言，在对青海东部农业区农民财产性收入影响因素提出研究假设时，要在实地调研的基础上，充分考虑研究区域的实际情况。机制构建时，在进行财产性收入增长具体方式选择时，不能违背研究区域的经济社会发展规律。同时，保障机制的构建要遵循乡村振兴战略实施与农民财产性收入增长的作用机理，尤其在选取影响因素的反映指标时，也要充分考虑所研究区域的异质性，根据青海东部农业区的实际发展状况进行选取。这样才能切实保障研究结果和研究区域异质性的吻合。

6.1.2 科学性原则

科学性原则是指在构建保障机制时，要遵循经济、政治和文化发展规律和各因素之间影响关系的内在机理，科学合理地提出可行性的建议。具体到本文中的研究，需要根据青海东部农业区农民财产性收入的现状深刻剖析目前存在的问题，并结合实际深挖并探讨乡村振兴战略实施与农民财产性收入的作用机理，而不能随意主观而为，同时在机制构建中所涉及的具体增收方式要切实可行，不能凭空而论。

6.1.3 代表性原则

代表性原则是指在研究过程中构建的机制或指标不能过于简单，但是也不能过于繁杂，应在某一层面上具有一定的代表性，足以代表某一层的特定素质或特征。而本研究在选取相应机制时，所选取的机制能够准确地反映样本区的实际情况。

6.1.4 可操作性原则

所谓可操作性是指在选取指标时，应注意总体范围内的一致性，指标体系的构建或机制的构建都应是为样本区的区域政策制定或是科学管理而服务的，那么指标或机制在构建过程中，应简单明了，微观性强，同时需要较强的现实可操作性和可比性。

6.2 构建的依据

6.2.1 乡村振兴战略提出与农民财产性收入增长的作用机理

党和国家作出乡村振兴的战略部署，其重点就是为了改善农民的生活，而改善农民生活的核心问题在于如何提高农民收入。农民收入包括工资性收入、家庭经营性收入、财产性收入以及转移性收入，而农村居民财产性收入水平的提高是我国农民生活水平提高的新的增长点，同时也是实施乡村振兴战略、促进城乡协调发展的重要举措。也就是说，农民财产性收入的增加与乡村振兴战略的实施之间存在着相互依赖、相互促进的逻辑关系，农民财产性收入能否持续增长关系到农民收入能否持续增长，进而关系到乡村振兴战略的顺利实施与否。例如从乡村振兴战略的产业兴旺来说，大力发展农村产业，便能为农民提供更多的就业岗位，促使农民留在农村、发展农村，在提高农民收入水平的同时，也使农村整体得到发展。农民收入的提高，无形中会增加家庭财产的积累，为获取财产性收入提供了机遇和可能。如可以用闲置资金购买金融产品，以获取股息等收益。也可以购买住房、铺面等不动产，一方面可以将其出租获取租金收入，另一方面也可以将其作为一种不动产投资，以获取增值收益。如图 6-1 所示，乡村振兴战略的实施，能够通过经济、生态、社会、文化等各方面的发展和完善，促进农民财产性收入的增加，而农民财产性收入的增加，成为农民收入增加的新的增长点，所以能够从根本上激发农民发展经济的内生动力，为乡村产业、生态、宜居环境、社会等方面的发展提供动能，更能为乡村振兴的实现提供物质基础。

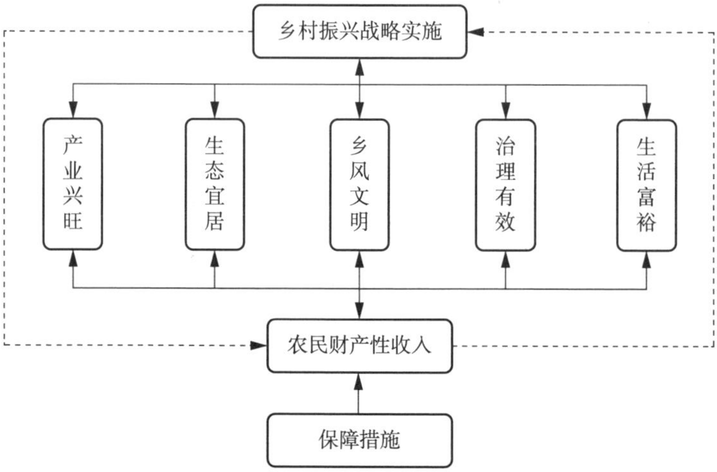

图 6-1　乡村振兴背景下农民财产性收入保障机制分析框架

6.2.2　乡村振兴背景下农民财产性收入增加的机遇分析

乡村振兴战略提出的最终目的是解决当前乡村发展中的不平衡、不充分问题。从收入来源的角度倒退分析，目前乡村发展中农民收入增长存在的主要问题，也是在乡村振兴战略实施下优先发展农业农村的重要切入点。据统计，农民财产性收入在整个农民收入中占比偏低，且基数较小；农民财产性收入结构单一，而且各区域差距较大。十八届三中全会提出“探索农民增加财产收入渠道”，党的十九大报告中又进一步提出乡村振兴战略下“扩大居民的劳动收入和财产收入渠道”，可见财产性收入问题已经得到政府及社会各界的广泛关注。近年来，政府、企业、新型农业经营主等各经济主体，从多方面、多渠道，多管齐下探索增加农民财产性收入的具体方式，成为目前解决“三农”问题的重要方面。在我国由追求经济高速增长向高质量发展转变的过程中，经济社会制度的逐步完善和党的十九大乡村振兴战略的提出，为农民财产性收入的增长提供了外部环境和顶层政策依据。主要表现为：第一，随着“三权”分置改革的进一步深化，政府、企业、农民等经济主体，多措并举探索农村集体经济的实现形式，目的是让农民能够切实享受集体经济的红利，真正感受到集体资产主人翁的地位。结合乡村振兴的总要求，从产业发展、生态保护、乡风体验、宜居环境、文化建设等角度，探索农村集体经济实现的多种方式，为增加农民财产性收入提供多种渠道。第二，健全农村土地制度改革的体制机制，切实保障农民对手中“财产”的权利，包括占有、使用、收益、处分。获取财产收益的前提是对财产要有完整的产权，乡村振兴战略实施过程中，通过产权制度改革和完善，能够保障农民对自己手中财产的处分权和收益权，为农民财产性收入增长提供制度保障。第三，建立健全土地承包经营权流转的市场运行机制，促进农民手中“财产”的有效流转。农民获取收益需要将手中的“财产”要素投入市场，通过市场的竞争获取相应收益。这涉及财产的权利流转。土地是农民手中最基本的生产资料和普遍拥有的财产，自然也是农民获取财产性收入的重要财产类型，土地经营权流转市场运行机制的不断完善，为农民流转手中的土地给予了更多的机遇。第四，产业发展和农村集体经济实现是乡村振兴实现的基础。农村金融体系的构建和完善，能够为投资者提供足够的资金支持，推动农村一、二、三产业融合发展和农村集体经济得以实现，为农民财产性收入奠定基础。

6.3　保障机制的具体内容

6.3.1　保障机制框架图

青海东部农业区农民财产性收入保障机制的构建一方面考虑了乡村振兴的内涵，另一方面结合实际考虑了影响青海东部农业区农民财产性收入增长的真实因素。通过分析乡村振兴五个方面的具体要求与青海东部农业区农民财产性收入增长的作用机理，来构建保障机制，具体内容如图 6-2

所示。

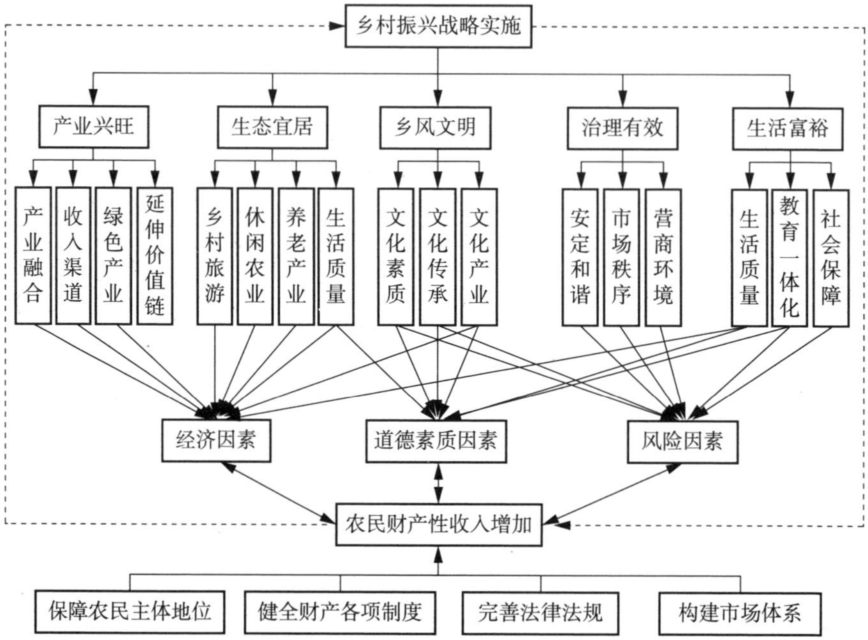

图 6-2　青海东部农业区农民财产性收入保障机制框架

从图 6-2 可以看出乡村振兴的五个方面要求分别从不同的方面影响经济因素、道德素质因素、风险因素，最终可以使青海东部农业区农民财产性收入持续增长。但同时各影响因素之间也相互联系、相互制约，必然会影响乡村振兴五个方面目标的达成。

6.3.2　基于乡村振兴视角的分析

6.3.2.1　基于产业兴旺的分析

产业兴旺是乡村振兴的经济基础，也是乡村振兴战略实施的基础。产业兴旺要求乡村在发展农业即第一产业的同时，融合发展二、三产业，并大力提倡发展特色产业，主要依据东部农业区所处的地理位置和气候条件，选取一些生态价值高、高原特征强、地理标志显的产品，在种植、生产、包装、销售等环节，引进先进的经营理念及培育技术、生产设备、销售方式等，真正实现产品的产业化发展，并且辐射带动与产品的生产、销售相关的其他服务类产业协同发展，形成三产融合发展的新模式。同时，在推动产业发展的同时，我们还需要关注乡村固有的文化和天然形成的自然生态环境，在发展的同时也要保持乡村的特色。所以，产业发展并不是将农村工业化、城市化，而是借助现代发展模式，根据乡村独有的资源，将乡村打造成为生态宜居、生活富裕、治理有效，并带有浓郁乡风文明的新型社区。其中包括关注食品安全、资源利用、生态环境等问题；通过产业融合发展，延长农产品产业链，降低初级产品的销售比例，增加附加值高的产品的生产和销售，拓宽农民收入渠道，提升农民经营农产品的收益，进而助推农村经济的发展，增加农民的财产性收入。同时，财产性收入的增加，也反过来会为农民参与产业发展提供资金来源，促使各项产业得以快速发展。

6.3.2.2 基于生态宜居的分析

生态宜居是乡村振兴的关键。生态环境的好坏关系到我们人类生存空间的优劣，关系到人类的生死存亡。良好的生态环境，可以为人类提供洁净的空气、整洁的生存空间、安全美味的食品、优美的大山河川、舒适的生产环境；也会影响农民的生产效率，使农业生产能够提供更多安全、绿色、营养的农产品，来满足人类对高品质农产品的需求。同时，通过生态环境的营造和改善，同步发展乡村旅游、休闲农业、乡村养老产业，一方面为农村居民提供更多的就业机会，另一方面可以充分利用乡村集体设施，开发集体资源，或者为相关产业发展提供土地、房屋、工具等资产，以获取相应的资产收益，进而增加农民的财产性收入，真正践行习近平总书记提出的“绿水青山就是金山银山”的发展理念，大幅度提升农村居民的生活质量。从另一个层面看，农民财产性收入的增长也增大了农民投资的可能性，激发农民将手中的闲置资金或其他财产作为市场要素投入社区建设等领域，能够为生态宜居型乡村建设贡献一定的力量。

6.3.2.3 基于乡风文明的分析

乡风文明是乡村振兴的文化基础，也直接影响着农村居民道德素质水平。我国有着上下五千年的传统文化，青海东部农业区是少数民族聚居区，有土族、撒拉族、藏族、回族等民族。其中，土族和撒拉族是青海省特有的两个人口较少的民族，其有着独特的民族文化，如土族盘绣被列为世界文化遗产。通过发展文化产业，一方面可以让子孙后代了解各民族、各地区优秀的文化底蕴，另一方面通过宣传、展示可以吸引更多的居民加入到文化学习中，加大文化传承力度，居民也可以凭借手中的“文化财产”和特有的民族文化技艺获得收益，进而促使居民的整体文化素质水平提升，最终带来财产性收入的增加。农民财产性收入的提高，又促使农村居民有更多的条件和资本去学习文化知识，促进文化传承及文化产业的发展，助力乡村振兴，实现乡风文明的传承和发展。

6.3.2.4 基于治理有效的分析

治理有效是乡村振兴战略实施的基本保证。经济的发展要以和谐稳定的社会环境作为基础，通过建立完善的乡村治理体系为农村经济的发展提供公平有序的市场环境，为人民的生活提供安定和谐的社会环境，为市场主体提供公平有效的营商环境，进而降低农民参与市场投资的风险，激发农民将手中“财产”以生产要素的形式投入市场的积极性，如将房屋出租给农业企业获得收入，将现金存款作为资本投入农业企业获得股份收益，将土地以出租、入股等方式流转给专业合作社或农业企业以获取租金或分红，将集体股份入股企业发展集体经济以获取红利收入等，进而促使农民获得财产性收入。农民财产性收入的提升，也在一定程度上提升了农民的道德素质，促进社会的稳定，助力政府构建有效治理的乡村环境。

6.3.2.5 基于生活富裕的分析

生活富裕是乡村振兴的最终目标。政府一切工作的落脚点必定是民生问题。习近平总书记在十九届五中全会中明确指出，以人民为中心的发展思想要求发展为了人民。不但要关注经济规模的扩大，更要关注人民生活质量的提升，关注人民的获得感，这与马克思提出的共同富裕目标是一脉相承的。

乡村振兴战略的实施，从多措并举大力发展农村现代化，促进城乡一体化，缩小城乡收入差距；从人居生活环境、经济条件、收入增长、主观获得等多方面关注民生问题，使农村居民生活自党的十九大之后发生了翻天覆地的变化。农村有了供休闲娱乐的村级广场；有了供村民锻炼身体的健身器材；有了能为大家办实事、解难题的第一书记；有了校舍整齐、设施全面的校园；有了能为农民带来收益的乡村产业；有了能为村民解决就业问题的乡村旅游等。这诸多方面的改善都为农民增加收入拓宽了渠道，增加了农民手中的各项资产，如房屋、工具、货币资金、运输汽车等。同时，政府在乡村振兴战略实施背景下，对农民养老、医疗、社会救助等社会保障制度进行完善，降低了农民生活、投资的风险。促使农民将手中的资产作为要素投入生产，一方面促进农村经济发展，另一方面增加农民的财产性收入。财产性收入的增加，反过来又促进城乡一体化，社会保障制度的完善，进而使农民的生活越来越富裕，促进乡村振兴战略的进一步实施。

6.3.3 基于制度保障视角的分析

根据之前的分析可以看出，青海东部农业区农民财产性收入出现逐年下降的趋势。因此拓宽财产性收入渠道，多措并举保增收，是乡村振兴背景下促进农民增收的必然选择。财产性收入增长的持续实现，不仅需要在乡村振兴战略的实施下推动经济、社会、文化、生态的协同发展，而且在中国特色社会主义建设的新时代，更需要各项制度的健全和完善。

6.3.3.1 创新土地制度改革，保障农民的主体地位

农民是解决农村问题的核心，也是机制运行的主体，所以在乡村振兴背景下，青海东部农业区农民财产性收入增长保障机制的运行，首先要保证农民的主体地位。土地对于农民而言是最重要的生产要素，乡村振兴战略实施背景下，农村产业的发展为土地要素的有效利用提供了更多的机会。在这样的前提下，更需要通过土地制度的改革和完善，明确农民对土地享有的权利，保障农民手中的土地能够自由流转。这样才能为土地财产获取收益提供保障。所以，应该通过各种方式，创新土地制度改革，以土地为支点，通过制度的完善，为土地自由流转保驾护航，发挥其对促进财产性收入增长的主导作用，有力推动乡村振兴。

乡村振兴背景下，多措并举加大农村产业投资，快速提升农民生活水平，是保证农民主体地位的基础。政府应当加大对农村产业的投资与扶持力度，促使农村一、二、三产业融合发展。一方面能够为农民提供更多的就业岗位，另一方面也会因产业发展需要使用农民手中的“财产”，从而增加农民财产性收入，从整体上提升农民的生活水平。

6.3.3.2 建立健全农村产权和土地征收制度，切实提升农民收入水平

农村产权制度的改革与完善，是为了更加清晰地明确农民财产权利的边界，更好地为获得财产性收入提供保障。自党的十八大以来，政府以放活农村土地经营权为主要内容，改革农村土地产权制度，促使农民专业合作社、农业企业和家庭农场等新型经营主体可通过土地经营权的流转来解决农业生产经营中的土地需求问题，使农村土地在集中后实现规模效益。农民也可以凭土地权利获得相应的收益。但由于合作社存在管理不善、经营困难等问题，农民转让土地权利收益偏低，导致农民财产性收入并未得到大幅度提高。所以需要健全农村集体产权制度，提高农村集体资产的经

济效益，使经济组织中的每一位成员能够享受集体资产所带来的收益。农村宅基地是一批“沉睡资产”，随着城镇化的逐步推进，农民进城落户越来越普遍，导致农村大量闲置宅基地出现，致使资源浪费严重。乡村振兴背景下，如何盘活宅基地的使用权，为农民带来财产性收入，成了一个重要课题，而这个问题的解决，仍需健全农村集体产权制度。

在城市化发展过程中，由于城市建设的需要必然会征收一定数量的土地。而土地是农民最重要的生产要素，农民离开了土地就意味着失去了生活的保障。所以，土地征用直接关系到农民的生死存亡。在这种情况下，政府应建立健全土地征收制度，提高对农民的征地标准，使农民利用因土地征用而获得的补偿款去购买相应的财产，增加财产性收入，以此维持自身的生存。在确定征收补偿价格时，应举行公开的听证会，让农民充分发表自己的意见和建议，充分体现民主性，以使双方利益均得到满足。

6.3.3.3 完善各项法律法规，保障农民基本权益

农产品权益保护及农村社会保障等相关法律法规的制定，从根本上保障农民的基本权益，让农民切实享受在法律上的主体地位。同时，加大法律法规的宣传和解读力度，让农民不仅守法，而且懂法。深刻认识到财产权利的用益物权性质，按照法律规定行使权利，使权利能够自由流转，以此来推动财产性收入的增长。

乡村振兴背景下，为了保障农民的权益，除了要制定各种法律法规，保障农民自由行使财产权利获得财产性收入外，还应建立和完善相关的制度，如在保证《物权法》《土地管理法》等法律法规在农村顺利实施的同时，也要建立相关的收入分配制度，调节过高收入，使农村居民间收入保持相对平衡；保证农民所获得的收入是合法收入，坚决禁止并取缔非法收入。以法律制度保护农民的财产性收入的合法性，这样才能激发农村居民获得财产性收入的积极性。除此之外，还应对现行的法律法规进行适当细化，增强其可操作性。总之，农民全面且稳定获得财产性收入的必要条件

是建立健全相关法律体系的同时也应完善相应的现行法律法规和制度，进而在法律制度的保障机制下保护并增加农民的财产性收入。

6.3.3.4 完善市场体系建设，确保农民公平参与市场获得收益

据调查，青海东部农业区农民财产性收入主要来源于利息、股息、债券以及红利等。一是要营造有序的金融市场，鼓励金融公司、债券公司等金融行业加大对村民的宣传力度，并增加投资后服务，帮助农民有效使用资金，确保获得收益。二是加快创新农村金融产品。通过更多的金融产品吸引村民拓展资金的来源，并将资产投资于不同的产业或领域，让农村居民获得收入的方式更加多样化。三是鼓励支持农村股份制企业的发展，为其融资提供便利。农民的文化素质普遍偏低，无法对市场状况或投资作出正确的选择，或者由于管理、对市场判断等能力的欠缺，很可能致使农民生产经营受挫，影响收益。为了保障农民收入的持续增长，可以大力发展农村股份制企业，以企业带动农民财产的使用，提高财产的使用效率，进而获取更大的收益。四是加大培训力度，培养农民投资理财的意识。财产性收入的提升需要农民将自己手中的“财产”拿出来进行投资，而农民是农村市场体系的主体，所以需要加大对农民的培训力度，培养他们投资的意识，这样才能促使农民将手中的“财产”投入市场，从而增加农民财产性收入。五是通过健全市场体系，将“财产”要素价格的形成纳入市场配置范围。加大宣传力度，通过各种方式提升“财产”要素的价格，提升农民的财产收益，以此激发农民将“财产”作为要素投入市场运行的积极性，一方面促进市场经济的良好运行，另一方面增加农民的财产性收入。如果“财产”要素投入市场的价格过低，会严重影响农民将其投入市场的行为选择，一定程度上也会造成资源的浪费。

7

结论与展望

7.1 研究结论

在对农民财产性收入增长相关理论和研究成果梳理和分析的基础上，通过对青海东部农业区农民财产性收入、影响因素的调查分析，切实发现和总结出青海东部农业区农民财产性收入的状况和阻滞因素，并结合乡村振兴的时代背景，对农民财产性收入保障机制进行构建，得到如下的研究结论：

（1）青海东部农业区农民财产性收入近几年来呈现出逐步下降的趋势，其主要影响因素包括经济因素、道德素质因素和风险因素。

（2）乡村振兴的五个方面总要求与农民财产性收入之间具有相互促进、相互联系、相互制约的关系。乡村振兴的产业兴旺，通过产业融合，增加收入渠道，绿色产业发展，延伸价值链，促进农民财产性收入增长；乡村振兴的生态宜居，通过发展乡村旅游、休闲农业、农村养老、生活质量提升，促进农民财产性收入增长；乡村振兴的乡风文明，通过文化素质提升、优良文化传承、文化产业发展，促进农民财产性收入增长；乡村振兴的治理有效，通过安定和谐社会环境的营造，公平有序市场环境的维护，开放良好营商环境的营造，促进农民财产性收入增长；乡村振兴的生活富裕，通过生活质量的提升、教育一体化、社会保障制度完善，促进农民财产性收入的增长。同时，农民财产性收入的增长，在乡村产业发展、乡村居民整体素质提高、乡村治理措施的实施、生活水平的提升等方面助推乡村振兴战略的实施。

（3）通过各项制度的完善、健全来促进乡村振兴与农民财产性收入增长作用机理的运行，以保障农民财产性收入的持续增长。进而构建青海东部农业区农民财产性收入的保障机制。一是创新土地制度改革，加快土地流转，保障农民主体地位；二是建立健全农村产权和土地征收制度，厘清农民财产的界限，促进“财产”要素的自由流动；三是完善法律法规，保障农民基本权益，为农民财产要素的流转及获益提供法律保障；四是完善市场体系建设，确保农民公平参与市场获取收益。为农民提供公平有序的市场环境和公平合理的价格形成机制，增强农民参与市场活动的信心，进而加大“财产”要素的投入力度，以增加农民财产性收入。

7.2 研究展望

在研究过程中，本文立足于青海东部农业区的实地调研经历，利用调研获得的样本数据，并对阅读文献进行梳理，从影响农民财产性收入增长的因素出发，探究了在乡村振兴背景下农民财产性收入的保障机制，并构建东部农业区的农民财产性收入增长的保障机制。然而，由于农民自身的基本能力与保障机制所涵盖因素的广泛性，本文并不能全面考察各个因素对农民财产性收入影响的显著性，在机制设计方面难免会有遗漏。除此之外，实证分析中样本数据源的集中性和缺失可能不能很好地反映东部农业区农民财产性收入的总体情况。因此，在未来研究中，将围绕以下几个方面进一步展开：其一，完善农民财产性收入影响因素的指标体系设计，加强各种因素对农民财产性收入影响的机理剖析与路径研究；其二，探索运用空间计量方法对我国东中西部不同地区农民财产性收入因素的对比研究，扩大研究范围与机制设计覆盖面；其三，深刻总结我国在农民财产性收入增加保障机制的设计与对策建议等方面的成功经验与失败教训，探究其规律性特点，为破解我国如何增加农民财产性收入这一问题提供一些借鉴与参考。

参考文献

［1］ Robert J. Lampman. The Share of Top Wealth－Holders in National Wealth，1922—1956［M］. Princeron University Press，1962.

［2］ Michael. Pammer. Inequality in Property Incomes in Nineteenth-century Austria［J］. Journal of Income DistributionVolume 9，Issue 1. 2000，65-87.

［3］ 托达罗. 经济发展与第三世界［M］. 北京：中国经济出版社，1992.

［4］ 陈宏雷，石宏伟. 新时期农村居民财产性收入研究综述［J］. 农村经济与科技，2016，27（15）：113-117.

［5］ 保罗·萨缪尔森. 微观经济学（第十六版）［M］. 北京：华夏出版社，1999.

［6］ 王苗. 宁夏农民财产性收入增长研究［D］. 西安：西北农林科技大学，2017.

［7］ Hong. Social Interaction and Stock-Market Participation［J］. Journal of Finance，2004（59）：137.

［8］ 詹姆斯·布坎南. 自由、市场与国家［M］. 北京：北京经济学院出版社，1989.

［9］ 迈克尔·谢若登. 资产与穷人：一项新的美国福利政策［M］. 高鉴国，译. 北京：商务印书馆，2005.

［10］ Bourguigon，F，Da Silva，L. The Impact of Eeonomic Policies on

Poverty and Income Distribution: Evaluation Techniques and Tools. WashinGton D. C.: World Bank, 2003.

[11] Lampman R. The Share of Top Wealth-Holders in National Wealth, 1922-1956 [J]. Physics Letters A. 1972, 1 (40): 1-2.

[12] 陈志武. 方向没问题　思路有错位 [J]. 北大商业评论, 2014 (06): 46-47.

[13] Peng Xiaozhun, Lu Hongyou, Fu Jiaming, Li Zhijuan. Does Financial Development Promote the Growth of Property Income of China's Urban and Rural Residents? [J]. Sustainability, 2021, 13 (5).

[14] 张迪. 江苏省农民收入结构及增收问题研究 [J]. 中国林业经济, 2021 (06): 50-52.

[15] 胡庆华. 乡村振兴战略背景下芜湖农民收入质量提升研究 [D]. 芜湖: 安徽工程大学, 2020.

[16] 赵瑞. 新型城镇化与农民收入——聚类分析及影响效应研究 [D]. 武汉: 华中农业大学, 2020.

[17] 段起. 福建省农村土地流转对农民收入影响的实证研究——以长汀县为例 [D]. 福州: 福建农林大学, 2020.

[18] 秦静, 张磊. 现代都市农区农民收入影响因素分析——以天津为例 [J]. 产业创新研究, 2020 (22): 6-9.

[19] 程逸斐, 曹正伟. 都市农区农民收入结构及影响因素分析 [J]. 浙江农业科学, 2020, 61 (08): 1649-1652.

[20] 李俊钦. 杭州市余杭区农民收入影响因素与对策研究 [D]. 杭州: 浙江农林大学, 2019.

[21] 李昱坤. 山东省农村金融发展对农民收入增长影响研究 [D]. 济南: 山东财经大学, 2018.

[22] 李美慧. 经济新常态下农民收入问题研究——以唐山市为例

[D]. 天津：河北工业大学，2017.

[23] 张梦醒，刘维忠. 新疆农民收入结构演变逻辑及其增收瓶颈问题的探讨 [J]. 数学的实践与认识，2021，51（09）：303-311.

[24] 吴国松，姚升. 要素市场扭曲背景下不同地域农民收入变动与结构优化研究 [J]. 经济经纬，2021，38（01）：48-56.

[25] 孙建文. 精准扶贫背景下山西省农户收入结构变动分析 [J]. 山西农业大学学报（社会科学版），2020，19（05）：31-37.

[26] 王小华. 中国农民收入结构的演化逻辑及其增收效应测度 [J]. 西南大学学报（社会科学版），2019，45（05）：67-77.

[27] 张静，王微. 小农户融入农业现代化进程中的利益所得分析——基于宁夏农村居民可支配收入结构视角 [J]. 宁夏农林科技，2019，60（01）：34-57.

[28] 邹晨，欧向军. 中国城镇居民收入差异演变的结构分析 [J]. 管理现代化，2018，38（05）：106-109.

[29] 陈欢. 新疆农民收入结构分析 [J]. 经济论坛，2017（04）：34-37.

[30] 张祯，陈潇腾，沈佳，慧俞婷. 农民收入来源结构对农户收入差距的影响——来自浙江典型村的实证研究 [J]. 浙江经济，2017（04）：62-63.

[31] 陈巧，胡宜挺. 新疆农民收入结构分析：2002—2011 [J]. 新疆农垦经济，2013（08）：26-29.

[32] 张麓莹. 金融发展水平对农民财产性收入的影响——基于2000—2018年面板数据 [D]. 济南：山东大学，2021.

[33] 马晓双. 新时代基于宅基地流转的增加农民财产性收入的研究 [D]. 镇江：江苏大学，2021.

[34] 宋旭阳. 我国农村居民财产性收入规模变动分析 [J]. 广西质量

监督导报，2020（09）：142-143.

［35］费之光．农民财产性收入和转移性收入增长的路径研究［J］．农业经济，2020（01）：89-90.

［36］申朝霞．浅析农村集体经济下增加农民财产性收入的办法［J］．山西农经，2019（03）：69+71.

［37］高若凡．农民财产性收入问题研究［J］．中国集体经济，2018（02）：7-8.

［38］李洁．从增加农村居民财产性收入角度探析缩小城乡居民收入差距的措施［J］．广西青年干部学院学报，2011，21（06）：78-81.

［39］姜婕．中国农民财产性收入的价值观变迁［J］．求索，2009（6）：99.

［40］林淋．现阶段我国农民财产性收入问题研究［D］．南昌：南昌大学，2009.

［41］肖红华，刘吉良．提高农民财产性收入的途径［J］．湖南农业大学学报（社会科学版），2008（02）：21-23.

［42］郭苏文，吴徐雯．地票制度对农民财产性收入的影响研究［J］．农业经济，2020（07）：84-86.

［43］王振权．基于财政视角增加农民财产性收入机制研究［J］．财政科学，2020（03）：116-122.

［44］林晓荣．乡村振兴战略下增加江苏省农民财产性收入的路径探析［J］．农村经济与科技，2020，31（03）：134-137.

［45］陈燕赟，郑国诜．我国农民财产性收入影响因素及机制分析——一个宏观综合视角［J］．长沙理工大学学报（社会科学版），2019，34（05）：81-93.

［46］刘宇杰．深化农村土地制度改革大幅度提高农民财产性收入［J］．中国农业会计，2019（09）：12-14.

[47] 金丽馥，史叶婷．乡村振兴进程中农民财产性收入增长的瓶颈制约和政策优化［J］．青海社会科学，2019（03）：87-93.

[48] 张弥，侯启缘．中日城市化进程中农民财产性收入的比较分析［J］．福建论坛（人文社会科学版），2019（05）：65-71.

[49] 陈秀丽．新时期农民财产性收入的影响因素及对策探讨［J］．中国集体经济，2017（17）：5-6.

[50] 廖小婷，朱建华，李荣强．贵州省城镇化与农民财产性收入的思考［J］．农村经济与科技，2021，32（11）：118-119+122.

[51] 李荣强，廖小婷．农村金融发展对农民财产性收入增长的影响研究——以贵州省为例［J］．农业科技与信息，2021（17）：16-19.

[52] 朱建华，李荣强．新型城镇化建设对农民财产性收入增长的影响效应研究［J］．贵州商学院学报，2021，34（03）：59-65.

[53] 张国林，何丽．土地确权与农民财产性收入增长［J］．改革，2021（03）：121-133.

[54] 王婕．"三权分置"下宅基地流转与农民财产性收入增长的关系［J］．经济研究导刊．2020，（18）：47-48+62.

[55] 黄佑刚．论农村产权制度改革与农民财产性收入增长［J］．纳税，2018，12（29）：155-156.

[56] 杜一馨，范玉．增加京郊农民财产性收入途径探究［J］．农学学报，2017，7（05）：76-81.

[57] 扶桑．农民财产性收入的增长瓶颈及矫治——以安徽省为例［J］．湖北第二师范学院学报，2021，38（05）：47-51.

[58] 许玉久，王登宝．农民财产性收入的增长困境研究［J］．当代农村财经，2021（07）：42-44.

[59] 陈燕赟，郑国诜．闽粤赣边农民财产性收入问题研究［J］．龙岩学院学报，2019，37（06）：99-105.

[60] 覃建芹．宅基地制度改革与农民财产性收入增收［J］．农村经济与科技，2019，30（19）：13-15.

[61] 王文峰．增加农民财产性收入瓶颈分析及对策建议［J］．环渤海经济瞭望，2019（03）：5-6.

[62] 陈自芳．提高农民财产性收入的省域特征及战略路径［J］．区域经济评论，2019（01）：118-126.

[63] 陈晓枫．提升农民财产性收入的新路径［N］．贵州日报．

[64] 黄贞．我国农地流转下农民财产性收入增长的路径研究［D］．福州：福建师范大学，2017.

[65] 顾铭媛，龙咏君．农村居民财产性收入增长的制约因素与保障机制创新研究——以贵州省为例［J］．农村经济与科技，2021，32（03）：120-123.

[66] 金华旺．城乡融合背景下农民财产性增收拓展路径及保障机制研究［J］．未来与发展，2019，43（10）：21-26.

[67] 史叶婷．新常态下农民土地财产性收入的增长困境和保障机制研究［D］．镇江：江苏大学，2017.

[68] 马克思恩格斯选集（第2卷）［M］．北京：人民出版社，2012：744.

[69] 托达罗．欠发达国家劳动力迁移与城市失业模型［J］．北京：中国经济出版社，1998.

[70] 靳翠．我国农民财产性收入的现状及对策研究［D］．镇江：江苏大学，2018.

[71] 刘淑清．关于农民财产性收入问题的思考［J］．经济问题，2014（07）：90-93.

[72] 杨璐嘉．西部地区农村居民财产性收入的影响因素研究［D］．雅安：四川农业大学，2019.

[73] 刘思峰，谢乃明．灰色系统理论及其应用［M］．北京：科学出

版社，2008：44-73.

［74］马爱慧，张安录．农业补贴政策效果评价与优化［J］．华中农业大学学报（社会科学版），2012（3）：33-37.

［75］周辛祉．金融素养对家庭财产性收入的影响研究［D］．重庆：西南大学，2021.

［76］陈雪红．福建省城乡居民财产性收入差距研究［D］．福州：福建师范大学，2020.

附录　调查问卷

青海省东部农业区农民财产性收入情况

亲爱的先生/女士，您好：

我是青海大学财经学院经济学系教师，感谢您对本次调查的配合。本研究是对您家财产性收入情况做一个简单了解。这是一份纯学术，且不记名的问卷，绝对不用作其他用途，请您放心填答。

1. 您的性别

A. 男　　B. 女

2. 您的年龄

A. 25 岁以下　　B. 26~35 岁　　C. 36~45 岁　　D. 45 岁以上

3. 您的学历是

A. 本科及以上　　B. 大专　　C. 高中/中专　　D. 初中及以下

4. 您所在的市县是

A. 西宁市（若选西宁市，无须填写第 6 题）

B. 海东市（若选海东市，无须填写第 5 题）

5. 您居住在西宁市的哪个区县？

A. 城北区　　B. 城东区　　C. 城中区　　D. 城西区

E. 湟中区　　F. 湟源县　　G. 大通县　　H. 城南区

6. 您居住在海东市的哪个区县？

A. 平安区　　B. 乐都区　　C. 民和县　　D. 互助县

E. 化隆县　　　F. 循化县

7. 您家的劳动人数？

A. 家中无劳动力

B. 家中有一个劳动力

C. 家中有两个劳动力

D. 家中有三个或三个以上的劳动力

8. 您家的党员人数？

A. 家中无党员　　　B. 家中有一名党员

C. 家中有两名党员　　　D. 家中有三名或三名以上党员

9. 您家是否有财产性收入。（财产性收入是通过：①出租土地、房屋、汽车、农用车等；②通过储蓄、买股票、买基金；③转让手工艺使用权等所获取的收入）？

A. 有

B. 没有（若没有，跳转到第 12 题）

10. 您家的财产性收入来源是？

A. 房屋出租　　　B. 土地被征用或者出租

C. 农业机械出租　　　D. 购买基金、股票

E. 储蓄

F. 手工艺品的销售或转让手工艺使用权

G. 不动产（如房屋、车辆、土地、收藏品等）投资

H. 其他

11. 您家的财产性收入情况（您家一年有多少财产性收入）？

12. 您家的工资性收入情况（一年中通过打工获得的收入）？

13. 您家的财产拥有量？

14. 您愿意购买股票、基金等各种金融产品吗？

A. 非常愿意　　B. 比较愿意　　C. 愿意　　D. 不愿意

E. 非常不愿意

15. 您认为购买股票、基金等各种金融产品有风险吗?

A. 高风险　　B. 较高风险　　C. 一般　　D. 低风险

E. 没有风险

16. 您愿意遵守红绿灯规则吗?

A. 总是遵守　　B. 偶尔不遵守　　C. 看情况　　D. 偶尔能遵守

17. 您在行车过程中系安全带吗?

A. 系安全带　　B. 看情况　　C. 不系安全带

18. 您对增加农民财产性收入有什么意见或建议吗?